Auf Franz Bardons Wegen

Nursi

Mein Dank geht an Peter Windsheimer für das Design des Titelbildes. Des Weiteren an Ariane und Michael Sauter.

Für Schäden, die durch falsches Herangehen an die Übungen an Körper, Seele und Geist entstehen könnten, übernehmen Verlag und Autor keine Haftung.

Copyright © 2016 by Christof Uiberreiter Verlag
Waltrop Germany

Herstellung und Verlag:
BoD – Books on Demand, Norderstedt.
ISBN: 9783741271519

Alle Rechte, auch die fotomechanische Wiedergabe (einschließlich Fotokopie) oder der Speicherung auf elektronischen Systemen, vorbehalten
All rights reserved

Vorwort:

Diese Autobiografie stellt eine Ergänzung zu den beiden Werken „Auf der Suche nach Meister Arion" und „Das Leben und die Erfahrungen eines wahren Hermetikers" dar. Dieses Buch ist ein Tatsachenbericht in Romanform, wie es ihn noch nie gegeben hat. Die Autorin, die von Beruf keine Schriftstellerin ist, ist die Schwester von Seila Orienta, die aus weiblicher Sicht ihre magischen Erlebnisse mitteilt. Sozusagen ist dies eine weitere hermetische Autobiografie, die das Wissen des Schülers der geistigen Wissenschaften bereichern wird, denn sie berichtet, zu welchen magischen Ereignissen es im ersten „Bardonkreis des Bundes" und zu welchen Verwicklungen und Problemen es kam.

Hohenstätten

Meine Eltern waren beide berufstätig. Mein Vater war Gärtner, meine Mutter anfangs Putzfrau und arbeitete sich im Krankenhaus hoch zur gelernten Masseuse. Dadurch hatte sie einen abgeschlossenen Beruf. Beide waren sehr streng. Mein Vater war ein reiner Choleriker. Als er von vier Männern provoziert wurde, schlug er auf ihre Köpfe mit einer Tasche voller Bierflaschen ein, sodass einige von ihnen ins Krankenhaus mussten. Das war ihm egal!
Meine Mutter hatte wenig Zeit für mich, weil sie sehr viel arbeiten musste. Aber zum Glück hatte ich einen sehr lieben Bruder, Anion, der 10 Jahre älter war als ich. Er achtete fürsorglich auf mich und wir hatten immer viel Spaß, spielten viel zusammen, denn wir verstanden uns gut. Doch dann kamen meine Großeltern aus Waltersdorf. Meine Eltern holten sie vom Bahnhof ab. Ich war gerade sechs Jahre alt und hatte Angst, weil ich dachte, meine Oma sei die Hexe aus dem Märchen „Hänsel und Gretel". Sie hatte ein Kopftuch auf, lief krumm und gebeugt, und sah sehr schlecht aus. Meinem Opa ging es auch nicht viel besser, denn es wurde bei einer ärztlichen Untersuchung festgestellt, dass er an Altersdemenz litt. Die Krankheit befand sich erst im Anfangsstadium, aber es wurde immer schlimmer und schlimmer. Mit den beiden kamen dann zur Weihnachtszeit die anderen Geschwister meines Vaters, Frida und Rosel. Selbige konnten sich gegenseitig überhaupt nicht leiden. Sie kamen nur, weil die Eltern aus Waltersdorf nach Castrop-Rauxel umzogen waren. Rosel und ihr Mann, Karl T., wollten gleich Geld von meinen Eltern, weil meine Großeltern ein Obst-Gemüsegeschäft hatten. Da gab es einen riesigen Krach, sodass mein Vater Rosel und ihren Mann am Heilig´ Abend gleich wieder vor die Tür setzte. Das war schon eine komische Familie. Mein Vater schmiss sie raus und nach einem Tag kamen sie wieder. Dann waren sie friedlich, aber am nächsten Tag flogen wieder die Fetzen! Die Feiertage konnte man vergessen, bis auf meine Oma, die die Weihnachtstage durch Kochen und Packen aufrecht erhalten wollte.
Opa war so was von gierig aufs Essen, dass er voller Fresssucht die zu heiße Suppe in sich hineinschlang und sich dabei die Zunge verbrannte. Wütend darüber, aber nicht über sich selbst, schrie er seine alte Frau an: „Du blöde F..., ich hab mir die Zunge gekocht!", und dies vor mir, seiner kleinen Enkelin. Eine wahrlich seltsame Familie!
Ein Jahr später starb mein Opa im Krankenhaus. Bei uns im Haus, Gerterstr. 15 wurde eine Wohnung frei und da haben wir die „Hexe" – meine Oma – zu uns geholt. Sie zog ein und das war gut, denn sie wohnte

Frau

Ingeburg Schwarzt

Castrop-Rauxel Gertherstr. 4†5

- 7 -

(1) Es werden nur Bewerber zugelassen, die bei Lehrgangsbeginn das 18. Lebensjahr vollendet hatten.

(2) Anträgen auf Aufnahme in die Massagefachschule, die rechtzeitig eingereicht werden müssen, sind beizufügen:

1. Geburtsurkunde
2. Nachweis der abgeschlossenen Volksschulausbildung oder einer gleichwertigen Schulbildung
3. der Nachweis über die Ableistung einer vierteljährlichen pflegerischen Tätigkeit in einer Krankenanstalt oder einem Blindenpflegeheim vor Beginn des Lehrgangs
4. ein amtsärztliches Gesundheitszeugnis, das nicht älter als 3 Monate sein darf, zum Nachweis körperlicher und geistiger Eignung zur Ausübung des Berufes als Masseur
5. ein selbstverfaßter eigenhändig geschriebener Lebenslauf
6. ein polizeiliches Führungszeugnis, das nicht älter als 3 Monate sein darf
7. ein Lichtbild

(3) Über die Zulassung entscheidet der Schulleiter.

(4) Durch die Aufnahme in die Massagefachschule wird kein Beschäftigungsverhältnis zur Stadt Dortmund begründet.

- 8 -

Der nächste Lehrgang beginnt am **Anf. Januar 67**, Anmeldungen sind bis spätestens **August 66** einzureichen.

Wir haben Sie in die Bewer= Stadt Dortmund
berliste aufgenommen und würden T. Amt für Krankenanstalten--
Sie bitten die Unterlagen recht=
zeitig einzusenden. **Staatlich anerkannte**
Massagefachschule
der Städt. Krankenanstalten Dortmund
Unfallklinik, Dortmund, Münsterstr. 238

direkt gegenüber. So konnten Anion und ich ein größeres Zimmer beziehen, weil in ihrer Wohnung mehr Raum war. Sie konnte dann auf uns acht geben, aber dennoch, das half alles nichts. Mein Vater war ein unbeherrschter Mann, der dauernd über alles, was wir gemacht oder gesagt haben, sich aufregte, auch wenn kein Unsinn dabei raus kam. Er verlangte von uns in allen Dingen perfekt zu sein, konnte aber selber nicht einmal richtig lesen. So kam es, dass es sogar des Öfteren Prügel regnete. Manchmal so schlimm, dass wir beide schon arge Verletzungen hatten.

Als mein Bruder 18 Jahre alt wurde, lernte er einen Freund kennen, der viele Geschwister hatte. Eine davon war Ariane, die sehr nett und vernünftig war, und obendrein gut aussah. Anion hatte eine Vision, dass diese Frau für ihn die richtige sei. So verliebte er sich in sie unsterblich. Aber sie hatte schon einen Freund und deswegen kein Interesse für Anion. Sie fand ihn doof! So versuchte er über ihren Stiefbruder an sie ranzukommen. Doch es half nichts. Da er in seinem letzten Leben schon vorgeschult war, besorgte er sich magische Literatur aus der Castroper Stadtbibliothek im alten Rathaus. Er fand eines über Sympathie-Magie und Mantik, wo Beeinflussungen erwähnt wurden. Er ging mit mir nach der Arbeit in einen Park in Bövinghausen, einem Stadtteil von Dortmund, und sagte zu mir, ich sollte hier auf der Bank auf ihn warten. Das tat ich. So viel ich erfuhr, machte er ein Ritual mit einem Baum. Er ritze unter äußerster Konzentration seinem und ihrem Namen verbunden durch ein Herz in die Rinde. Und es wirkte! Als er wiedereinmal bei ihr auftauchte, schmiss sie sich förmlich um seinen Hals, und gab ihm einen Kuss auf die Wange. Deswegen kam er abends manchmal später nach Hause. Das war meinem Vater ein Dorn im Auge. Er rastete förmlich aus.

Mein Bruder war in der Ausbildung bei VW „Laumen" als Automechaniker und hatte natürlich für die Lehre, die er tätigte, Geld bekommen. Aber nicht viel, obwohl die Arbeit sehr schwer war. Aber wie sagt man: „Lehrjahre sind keine Herrenjahre!" Selbst mein Vater wollte immer sein Geld haben, weil er zum Hausbau schon vorher sparen wollte. So war er immer darauf aus, ihm sein Geld abzuschwatzen. Einmal wurde es ganz schlimm.

„Für was brauchst du das Geld?", schrie ihn Vater an.

„Vater, ich gehe dafür hart arbeiten. Ich verdiene mir das Geld, damit ich auch ein wenig Leben kann."

„Leben? Das ist kein Leben!", brüllte er zurück. In seinen Augen sah man den blanken Zorn. „Und widersprich mir nicht, wenn ich sage, ich will dein Geld, dann hast du mir das zu geben!"

„Aber . . .", weiter kam er nicht, denn ein heftiger Schlag ins Gesicht verhinderte jegliche Rede. Das Blut spritzte nur so und mein Vater zwang mich, als achtjähriges Kind das mitanzusehen.
„Guck dir das ruhig an, damit du gleich Bescheid weißt, was mit dir geschieht, wenn du das machst!"
Ich zitterte am ganzen Leib. Ich hatte keinen Ton gesprochen, denn ich wusste, dass wenn ich was sagen würde, erging es mir genauso. Ich hätte meinem Bruder so gerne geholfen, aber ich hatte solche Angst. Ich war ja noch ein Kind und hatte auch viele Prügel bekommen, weil ich nicht sonderlich gut in der Schule war. Einmal wurde ich so stark geschlagen, dass ich meinen rechten Arm nicht mehr heben konnte. Laufen konnte ich auch nicht mehr. Meine Mutter, anstatt eine Anzeige zu machen, schrieb sie für die Schule eine Entschuldigung, aber nur für einen Tag! Als ich nächsten Morgen im Schulgebäude ankam, hatten wir auch noch Turnen. Ich hatte mich auf die Bank in der Turnhalle gesetzt und war noch angezogen. Die Turnlehrerin wunderte sich und sagte, ich sollte mich doch umziehen. Ich verneint mit der Begründung, dass es mir nicht gut ginge.
„Hast du eine Entschuldigung?"
„Nein, ich hab keine."
„Dann, Kleines, musst du mitmachen", und ich zog mich um. Da sah die Lehrerin, wie blau und grün meine ganze rechte Seite war, der Arm und das Bein waren sogar geschwollen.
„Was hast du denn da?", fragte sie mich erschrocken.
„Ich bin gefallen", kam es ängstlich aus mir heraus.
Daraufhin ging sie mit mir zum Direktor und ich hatte solche Angst wegen meinem Vater. Was wird mir passieren, wenn ich mit der Lehrerin zum Direktor musste? Ich musste ihm meine Verletzungen zeigen und ihm sagen, woher ich die hatte. Umgehend wurde mein Mutter auf dem Arbeit im EVK angerufen. Sie musste sofort beim Direktor erscheinen.
„Herr Direktor, was ist denn passiert?", fragte sie ihn, als sie in der Schule ankam.
„Frau Schwarzt, gucken sie sich doch mal ihre Tochter an! Den Arm und das Bein! Sie wissen, dass ich sie anzeigen muss!"
Meine Mutter erblasst, beschwor aber sogleich den Herrn Direktor, dass sie dafür Sorge trägt, dass das nicht mehr vorkommt. Sie flehte den Herrn förmlich an, bis er nachgab und obendrein versprach sie ihm Gratis-Massagen. Aber es änderte sich nichts in meiner Familie, es ging trotzdem weiter wie bisher, weil meine Mutter nicht für mich da war, wenn´s hart auf

hart kam. Die Prügel gingen unvermindert weiter, nur man sah keine blauen Flecken mehr oder andere Blessuren. So war halt mein Vater.
Mein Bruder Anion hingegen machte das Theater nicht mehr mit und traf sich weiter mit seinen Freunden und auch mit Ariane. Er ging auch nicht mehr regelmäßig zur Arbeit und zur Berufsschule. Da ihm das Geld ausging, versetzte er Sachen, die er von unseren Eltern geschenkt bekommen hatte, wie z. B. ein Teleskop, ein Luftdruckgewehr oder einen Spielzeugbahnhof mit Zügen und andere Sachen, die er verkaufen konnte. Mein Bruder war aber nicht volljährig, so musste es sein Freund Peter versetzen und sie haben zusammen in ihrem jugendlichen Leichtsinn das Geld auf den Kopf gehauen. Das bekam Franz, mein Vater, mit und machte einen riesigen Krach deswegen und schmiss seinen eigen Sohn hochkantig aus der Wohnung!
Ich habe mir um meinem lieben Bruder große Sorgen gemacht und war sehr traurig. Um mich ein wenig abzulenken, ging ich spielen. Dazu ging ich meistens in die „Landwer", die Sackgasse der Gerther-Straße. Da sah ich plötzlich Anion zu mir kommen. Ich konnte meinen Augen nicht trauen, denn ich sah ihn schon einige Tage nicht mehr. Ich musste dann gleich losheulen und lief im entgegen.
„Komm doch wieder nach Hause, Anion", bat ich ihn.
„Mona, das geht doch nicht. Papa würde das nie erlauben."
Traurig blickte ich ihn mit meinen kleinen Augen an.
„Tust du mir einen Gefallen. Kannst du mir etwas zu essen holen, denn ich habe seit Tagen nichts im Magen?"
Schnurstracks lief ich nach Hause und holte ihm einiges aus unserem Kühlschrank. Der war sowieso immer ziemlich voll. Meine Eltern waren noch arbeiten, so sah mich keiner. Meine Oma bekam auch nichts mit. Ich packte ihm von jedem Stück etwas in die Tüte, sodass das meine Eltern nichts bemerkten. Als ich fertig war, ging ich wieder zu Anion zurück und brachte ihm das Essen. Dem liefen die Augen über und er schlang alles auf einen Satz runter. Das ging dann jeden Tag so, dass ich ihm Essen brachte. Doch dann sagte eines Abends meine Mutter: „Das ist ja komisch? Der Kühlschrank war vor Kurzem noch voll und jetzt fehlt mehr als die Hälfte."
Sie sah mich an.
„Weißt du, wo das Essen ist?"
„Nein..."
„Wirklich nicht?"
„Nein..."

„Ich schimpfe auch nicht mit dir, ehrlich nicht!"
„Na, gut. Ich bringe es Anion, er hat doch so einen Hunger, aber bitte Mama, sag nichts dem Vater, bitte!"
„Nein, mache ich nicht. Aber sag mal, wo ist eigentlich Anion, ich vermisse ihn auch?"
„Ich nehme dich mit, aber nichts verraten!"
Ich nahm meine Mutter bei der Hand, führte sie zum vereinbarten Stelle. Dann sah sie ihren Sohn, völlig verwahrlost, weil er sich nicht waschen konnte, keine frische Wäsche hatte und unter der Brücke schlafen musste. Keiner seiner Freunde nahm ihn auf, da musste Mutti fürchterlich weinen. Sie kriegte sich kaum mehr ein. Mir selber kamen auch die Tränen. Meine Mutter nahm ihren Sohn in den Arm und drückte ihn, sie lies ihn kaum mehr los.
„Komm doch wieder nach Hause!"
„Wie soll das gehen. Papa will das nicht mehr."
„Ich werde mit ihm sprechen. Er macht sich ja auch solche Sorgen."
„Aber ich habe eine Freundin, die Ariane, und die lasse ich nicht gehen. Ich weiß, dass Vater sie nicht will!"
„Ich habe auch noch was zu sagen", meinte Mama, „bitte komm doch nach Hause. Ich spreche mit Papa. Versprochen!"
„Gut! Ich komme dann so gegen 19 Uhr."
Als er dann zu Hause war, wurde es sofort wieder laut. Vater schimpfte auf ihn ein und meinte, dass die Bekleidung, die er anhatte, fürchterlich aussah. Wie von einem Zuhälter! Er trug ein schwarzes Hemd, eine schwarze Lederhose und einen großen Gürtel. Papa Franz flippte wieder total aus. Er riss Anion das Hemd in Fetzen vom Körper. Ich weinte erbärmlich und hatte wieder fürchterliche Angst.
„Wenn du nicht gleich aufhörst zu weinen, bekommst du auch noch Schläge von mir."
Ich war mucksmäuschenstill. Alles war ruhig. Bis auf meine Mutter: „Jetzt reicht's mir! Wenn du, Franz, jetzt nicht sofort aufhörst zu meckern, dann bin ich mit Anion weg und komme nicht wieder!"
Sie ging ins Schlafzimmer und packte die Sachen aus ihrem Schrank in einen Koffer. Franz lachte nur und meinte: „Was soll das denn?"
„Ich gehe, ich hau ab von hier, ewig gibt es Streit und Zwietracht. Ich kann nicht mehr!", und fing an zu weinen und hörte nicht mehr auf. Das war für meinen Vater ein Schlag in die Magengrube, ins Gewissen, und er flehte und bettelte meine Mutter an, nicht zu gehen.

„Er ist mein Sohn und wenn er geht, gehe ich mit! Aus Pasta!"
Das war zu viel für meinen Vater. Er versprach, nicht mehr zu schimpfen und ruhiger zu werden. Es klappte auch erstaunlicher Weise. Es war ruhig geworden, kein Streit mehr. Alles schien in Ordnung zu sein. Ich war froh und glücklich. Alles ging seinen gewohnten Lauf. Meine Eltern gingen arbeiten, mein Bruder machte seine Lehre zu Ende und ich ging vergnügt zur Schule. Hatte ich Schluss, schlenderte ich zu meiner Oma in die Wohnung und hörte mir schöne Geschichten von Waltersdorf an. Dort, wo sie gewohnt hatte. Sie erzählte mir Geschichten vom Land, von den Kobolden und Elfen, die es dort gab. Sie musste immer wieder davon erzählen, so schön fand ich diese „Märchen". Die kleinen Wesen hatten in den Haaren Blumen zu Kränzen geflochten, gaben sich die Hände und sangen und tanzten in den Wiesen. Und dann kamen die Geschichten von den Zwergen, vom Gnomenvolk, die nur Unsinn im Kopf hatten. Sie machten nur Schabernack und lachten darüber. Mein Vater, als er noch ein kleines Kind war, half mit, als man Kisten von Obst und Gemüse auf einen Anhänger stellte, welcher von einem Pferd gezogen wurde. Er setze sich hinten darauf und sah plötzlich einen kleinen Zwerg, der den Anhänger hochkommen wollte. Sie sahen sich beide an, und der Gnom konnte nur lachen und lachen. Mein Vater war sehr verblüfft. Solche Geschichten wollte ich immer wieder hören.
Meine Oma sagte auch zu mir, dass ich immer wieder zum lieben Gott beten sollte, „denn der hilft dir immer aus der Patsche!"
„Und am Besten ist es, du gehst zum Beten in die Kirche. Da herrscht schon die richtig Atmosphäre!"
Aus diesem Grund ging ich immer, wenn´s Ärger gab, in die Kirche, nicht nur Sonntags, sondern auch unter der Woche. Dort war auch ein sehr netter und menschlicher, wenn nicht übermenschlicher Priester. Er war sehr gutmütig, hatte selbst keinen Besitz, kümmerte sich aber rührend um andere mit allen seinen zur Verfügung stehenden Mitteln. Seine Predigen waren voller spiritueller Präsenz und immerwährenden Geist. Sie trafen die religiöse Mitte, man konnte schon sagen, dass er von esoterischen Gesetzen sprach. Er machte dies so mitreisend, dass sich Sonntags die Kirche bis auf den letzten Platz füllte. Wer keine Sitzplatz bekam, stand gerne dafür, um seinen weisen Worte zu lauschen. Wenn er das Brot segnete, hielt er die Hostie hoch, und sprach einen rituellen Satz, brach und legte es in eine Schale. Drehte sich um und: „Geheiligte werde", sprach er zu jedem, dem er die Hostie auf die Zunge legte. „Amen", kam es von uns zurück. Und alle,

das war das Eigenartige, gingen zufrieden und glücklich nach Hause. So etwas hatte ich noch bei keiner anderen Predigt erlebt!
Dieser geistliche Bruder kam auch des Öfteren bei uns zu Hause vorbei und brachte uns etwas mit, das wir dringend benötigten. Er erzählte uns dann immer Dinge von Gott, die in keiner Bibel standen, und meine Eltern wunderten sich, woher er so etwas wusste.
Er weihte sich ein durch die unzähligen Schriften der christlichen Heiligen und Mystiker, welchem dem intuitiven Menschen mit einer gewissen inneren Reife jede Menge Erkenntnis und Wissen beibringen konnten. Autoren wie Meister Eckhard, Thomas von Aquin usw. wirken sehr inspirierend.
Sein Wunsch war, wie ich später erfuhr, dass er während der Predigt an einem Herzinfarkt versterben wollte. Und so geschah es auch. Er kippte plötzlich aus heiterem Himmel nach vorn über und lag tot am Boden. Die darauffolgende Beerdigung war völlig überfüllt mit Menschen und Verehrern, die ihm seine letzte Hochachtung zollten. Sie brachten unzählige Blumen, Sträuße und Kränze mit, dass der Duft der Blumen über den ganzen Friedhof zog. So etwas habe ich noch nie gesehen und war darüber sehr erstaunt!
Dann, eines Abends, war wieder ein großer Streit in der Wohnung von meiner Oma. Ich musste mir das wieder anhören und sah, wie mein Vater meinen Bruder blutig schlug. Völlig benommen zog sich dann mein Bruder zurück und schrieb einen Abschiedsbrief. In diesem stand, dass er gewillt sei, Selbstmord zu begehen, da er die ganze Situation nervlich nicht mehr ertragen konnte. Mein Papa fand den Brief, es war schon ziemlich dunkel, und als mein Vater ihn las, musste er weinen und konnte nicht mehr aufhören. Er bekam einen Nervenzusammenbruch, und schicke mich kleines achtjähriges Mädchen los, meinen Bruder um 22 Uhr zu finden. Suchen ging ich nach Bövinghausen, einem Stadtteil von Dortmund. Dort war eine Brücke, wo darunter der Zug fuhr. Da sah ich meinen Bruder, Anion, der im Begriff war, von der Brücke zu springen.
„Nein! Nicht! Spring nicht, Anion! Ich brauche dich doch. Ich hab dich doch so lieb!"
Da kam auch schon meine Mutter und holte uns ab. Sie hatte vom Abschiedsbrief gehört, fuhr gleich nach der Arbeit los, um uns zu suchen. Glücklich fuhren wir drei nach Hause und mein Vater nahm Anion in die Arme und beide weinten. Dann war erst eine Zeit lang ruhe, aber nur zwischen Anion und meinem Vater. Mit mir nicht, mit mir ging es weiter. In

der Schule hatte ich in einem Diktat eine Fünf geschrieben und mein Papa machte dann mit mir die Hausaufgaben, damit ich die Fehler besser korrigieren konnte. Doch es klappte nicht, ich machte weiterhin Fehler. Papa sah das, und ich war schon am Zittern. Er schrie mich an: „Was hast du da schon wieder geschrieben?", und nahm meinen Kopf und schlug ihn auf den Tisch. Der Schmerz war enorm! Ich musste weinen, aber, er wollte nicht, dass ich Tränen vergoss.
„Wenn du jetzt weinst, dann gibt´s noch mehr!"
Ich schluckte und versuchte nicht zu weinen. Dann schickte er mich ins Bett, denn er war immer noch sehr aggressiv!
Kurze Zeit danach wollte Anion seine Freundin Ariane mit nach Hause bringen, denn meine Eltern wollten sie gerne kennenlernen. Doch beide waren sehr skeptisch und waren am Ende gegen sie. Einen Tag später brachte mein Bruder Ariane mit. Mein Vater sagte: „Die beiden sind doch viel zu jung zum Heiraten. Sie sind doch erst 18 Jahre alt und haben keine Lebenserfahrung. Sie sind nicht volljährig (damals mit 21)!"
„Ich finde auch, dass sie noch Zeit dazu haben!", meinte meine Mutter.
„Aber wir lieben uns sehr. Und durch eine Ehe wird solch eine reine Liebe besiegelt!"
„Wir sind dagegen!", schrie mein Vater.
Dann stellte sich heraus, dass Ariane die Schwester von Peter M. war. Da sie ihn kannten und nicht mochten, wendete sich ihre Abneigung auch gegen Ariane, obwohl sie keine Schuld trug. Sie verboten Anion schließlich den Kontakt zu ihr und erschwerten den beiden das Leben in unnötiger Weise. Es gab also schon wieder jede Menge Ärger!
„Du musst zuerst deine Lehre abschließen und vor allem Dingen ist das Mädchen nichts für dich. Sie bringt dich in große Schwierigkeiten!"
Mein Bruder konnte sich das nicht mehr anhören. Er ging zur Ariane.
„Siehst du, er lässt wieder nicht mit sich reden, dein lieber Sohn", sagte daraufhin Mama und die Zankerei ging über auf meine Eltern. Sie fingen an, sich gegenseitig anzubrüllen. Ich wusste nicht, was ich machen sollte und hielt besser meinen Mund. Anion nahm mich mit zur Ariane und sie war so lieb und kämmte mir immer die Haare, so wie schon vor Jahrtausenden im uralten Ägypten. Das gefiel mir sehr. Bei dieser Gelegenheit lernte ich auch ihre Eltern und Geschwister kennen. Ich fand sie damals sehr nett, weil sie mich gleich in ihr Herz geschlossen hatten. Ariane schlug dann vor, spazieren zu gehen, und wir drei waren richtig glücklich.

Später brachte Anion mich nach Hause und erzählte mir, wie er sich mit Ariane zum ersten Mal getroffen hatte:
Bei Opa Morawitz im Treppenhaus sahen sich die beiden zum ersten Mal in die Augen. Anion rempelte Ariane versehentlich an. Sie sagte dann zu ihm: „Kannst du nicht aufpassen?"
„Wieso ich?", schrie er los.
„Du Doofkopf!"
„Dumme Ziege", konterte Anion.
Peter, ihr Stiefbruder, war dabei und musste den Streit im Treppenhaus schlichten.
Anion sagte später zu ihm: „Diese Frau werde ich heiraten!"
„Das ist meine Schwester!", entgegnete Peter.
„Dann bist du ab jetzt mein Schwager!"
Kaum waren wir bei unseren Eltern angekommen, gab es sofort wieder Streit. Anion machte kehrt und ging zur Ariane zurück, wo er auch einige Zeit blieb.
Meine Oma, die das Tag für Tag mitbekam, sich immer diesen Zank anhören musste, sagte, dass sie das bald nicht mehr erleiden konnte.
„Ihr habt mit 17 Jahren geheiratet und wir hatten nichts dagegen! Vor was habt ihr eigentlich Angst? Sie ist doch sehr nett?"
Diese Aussage änderte ihr düstere Meinung und sie wollten beide Ariane zum Kaffeetrinken einladen. Doch als das Gespräch wieder auf die Hochzeit kam, flippte mein Vater erneut aus.
„Du hast deine Ausbildung noch nicht fertig und willst schon heiraten. Ihr habt doch keine Zukunft ohne Beruf! Und ihr beide wollt heiraten? Wie soll das denn gehen? Unmöglich!"
Damals mussten die Eltern ihre Einverständnis zur Hochzeit geben, da beide unter 21 waren. Und das taten sie nicht!
Anion kam nicht mehr nach Hause, was mich wieder sehr traurig stimmte. Die beiden „Verliebten" zogen erstmals nach Bövinghausen zu den Großeltern von Ariane und lebten dort. Er kam auch wieder in die Landwer, wo ich ihm Essen brachte, da die Großeltern ihn nicht mochten und aus diesem Grunde auch nichts zu Essen bekam. Er sollte und musste sein ganzes Geld dort abgeben, damit er überhaupt dort wohnen durfte.
Eines Tages kam meine Mutter mit mir, denn sie vermisste ihren Sohn, den sie ja immerhin neun Monate unter ihrem Herzen getragen hatte. Sie flehte ihn an, wieder nach Hause zu kommen. Doch er lehnte ab, da er wusste, dass das zu nichts führe, außer wieder zu Streit und Ärger. So wie es immer

begann!
„Bitte, bitte Anion, komm zu uns. Ich bitte dich", weinte sie bitterlich. Dies erweichte Anion und er kam Abends vorbei. Er war gut angezogen, trug eine Lederhose, einem Gürtel mit Löwenkopf und ein schwarzes Seidenhemd, welches er von Ariane geschenkt bekommen hatte. Aber mein Vater, wie konnte es für einen Choleriker anders sein, rastete so aus, dass er das Hemd gleich zerriss und schmiss ihn kurzerhand raus. Er war keine fünf Minuten in der Wohnung. Kaum schloss er die Tür von außen, tat es meinem Vater wieder leid.

Bei der Mutter von Ariane konnten die beiden 18jährigen nicht bleiben. Wenn sie aus dem Fenster guckte, sah man, dass sie völlig alkoholisiert war. Außerdem nahm sie Tabletten mit Kaffee, der so stark war, dass der Löffel drin stehen blieb. Selbst Arianes Schwester war angezogen wie eine Nutte und ließ sich von ihrem Freund in unserem Beisein unter den Rock fassen. Durch den Anblick waren wir geschockt und ich als kleines Kind verstand es nicht. Als ich dort mal auf Besuch war, und wir gerade gehen wollten, warf Arianes Mutter aus Hass ein Messer nach Anion. Es blieb in der Tür neben meinem Bruder stecken.

Als wir das Haus verließen, sind wir wieder mit dem Auto zu Opa Morawitz nach Bövinghausen gefahren, wo beide von ihm aufgenommen wurden. Opa und Oma waren sehr gastfreundlich, sie gaben mir gleich eine Tafel Schokolade, die ich sofort verspeiste. Anschließend sind wir in Dortmund in die Evangelische Kirche gegangen und unterhielten uns. Ich hörte nur zu, war interessiert, was die beiden sagten.

„Anion, wir müssen nach Schweden abhauen. Wir haben keine andere Möglichkeit."
„Das sehe ich auch so."
„Ich muss dir noch etwas sagen. Ich bin in anderen Umständen."
„Oh, das ist ja toll," und er umarmte sie freudig. „Im wievielten Monat bist du denn?"
„Im fünften Monat!"
„Das kann ja gar nicht sein!"
„Ich musste darüber schweigen, weil es die Umstände nicht zuließen."
Nach dem Gespräch brachten sie mich nach Hause und Ariane sagte: „Mach dir keine Sorgen. Wir sehen uns wieder!"
Ein Satz, der für mich unverständlich war, denn ich nahm an, dass sie für immer in Schweden blieben.
Als mich mein Vater sah, sagte er zu mir, dass wir, um uns von dem ganzen

Stress wieder zu erholen, in Kürze zum Bruder meiner Mutter nach Nienburg an der Weser fahren würden. Wir wollten Anion als kleine Wiedergutmachung mitnehmen, Ariane auch.
„Aber die Leben doch in Schweden?"
„Wie?"
„Sie sagten mir, dass sie dorthin ziehen wollten."
„Ach du meine Güte," erschrak mein Vater. „Und das alles wegen mir! Mein armer Junge!"
Schnell besprach er alles Weitere mit Mama und wir fuhren dann darauflos, sie zu suchen. Wir machten uns auf den Weg zu den Eltern von Ariane, schelten an und der Vater von ihr machte auf und teilte uns mit, dass beide bei den Großeltern waren. Wieder zurück ins Auto und zum nächsten „Elternteil", doch was wir dort erfuhren, schlug uns mitten ins Gesicht:
„Sie sind abgehauen! Sie wollten nach Schweden, in das Land, welches die Gleichheit aller Menschen nicht nur predigte, sondern auch sozial durchführte. Sie sagten noch, dass sie nie wieder zurück kommen werden!"
Das war vielleicht ein Schock! Ich wurde ganz blass, weil ich glaubte, dass ich jetzt auch noch meinen Bruder verloren hätte. Aber zum Glück bekam mein Vater die rettende Idee.
„Wir müssen zur Polizei! Eine Vermisstenanzeige aufgeben!"
Schnell fuhren wir zur nächsten Polizeistation und schilderten den ganzen Vorfall. Anschließend mussten wir nach Nienburg, ließen unsere Adresse und Telefonnummer zurück, und machten uns auf den Weg. Kaum waren wir dort angekommen, bekamen wir schon eine Nachricht. Sie wollten tatsächlich nach Schweden per Anhalter abhauen. Man fand sie im Gebüsch kampierend, total verwahrlost, weil sie kein Geld hatten, sich ein Hotelzimmer zu leisten. Sie saßen vorm Lagerfeuer, um sich zu wärmen. Daraufhin wurden sie zur Wache gebracht. Als wir das telefonisch erfuhren, stiegen wir drei ins Auto und fuhren so schnell wie möglich zur Polizeistation, um die beiden abzuholen. Dort angekommen, musste mein Vater unterschreiben, dass er Ariane kenne und sie mitnehmen würde, weil sie nicht großjährig war.
Die gesamte Familie fuhr dann im kleinen Auto wieder zurück nach Nienburg und während der Fahrt sagte plötzlich Anion, dass er Ariane geschwängert hatte und sie in fünften Monaten ein Kind erwarten würde, ein Töchterchen namens Rose!
Mein Vater lief totenblass an, konnte es nicht fassen und war völlig fertig mit den Nerven! Er konnte sich nicht mit der neuen Situation anfreunden.

Ihm ging das völlig durch den Strich. Aber er musste sich fügen, komme was wolle. So gab er nach und als sie 19 Jahre alt war, heirateten beide standesamtlich im alten Rathaus in Castrop-Rauxel (siehe Bild im Anhang). Meine Eltern waren dann froh, dass Ariane schwanger war, weil sie sich im Endeffekt dann doch freuen konnten, ein Enkelkind zu bekommen. Die Hochzeit wurde bei uns gefeiert. Es wurde prunkvoll gedeckt, und dann schaute meine Mutter aus dem Fenster und sah die Familie von Ariane. Darüber war sie sehr entsetzt, weil sie sich gegenseitig hassten, und sie räumte alles wieder weg. Aber schließlich war die Feier doch gelungen. Wir waren alle glücklich und zufrieden.

Mein Bruder und seine junge Frau zogen dann bei uns in der Gertherstraße 30 ein. Meine Eltern haben für die beiden Essen besorgt und die Miete gezahlt, bis Anion einen Job bekam und genügend Geld verdienen konnte. Nach insgesamt neun Monaten kam Rose zur Welt. Meine Eltern waren überaus glücklich, da sie Oma und Opa wurden. Meine eigene Großmutter freute sich auch. Doch eigenartigerweise bekam ich nachts eine Vision von ihr, die mit der Hochzeit in keinem Zusammenhang stand. Oder war hierin das geistige Symbol der Hochzeit zu sehen – der Tod?! Meine Oma stand vor dem Bett und sagte: „Ich will mich von dir verabschieden!", und ich war hell wach. Ich rannte so schnell ich konnte zu meinen Eltern, weckte sie um drei Uhr morgens und sagte, dass die Oma vor meinem Bett stand und mir mitteilte, dass sie für immer gehen wolle. Aber meine Mutter hingegen wurde lautstark wütend und wollte mich sogar verhauen, wenn nicht mein Vater einlenkte und meinte: „Lass uns mal rübergehen", und er schellte und klopfte an ihrer Wohnungstür. Aber keiner öffnete! Daraufhin wurde er nervös und brach die Tür auf. Da lag meine Oma im Bett. Sie hatte einen Schlaganfall und konnte weder sprechen noch aufstehen. Wir riefen sofort einen Krankenwagen und wir alle drei sind mit ihr ins Krankenhaus gefahren. Als wir ankamen, untersuchte der Arzt meine Oma und sagte, dass es schon zu spät sei. Sie ist vor 20 Minuten friedlich verstorben.

Kurze Zeit später, es waren nur drei Tage, kamen unsere Verwandten, Frau Rosel mit Ehemann und Tante Frida – die beiden Töchter meiner Oma. Tante Frida und mein Vater bedauerten den Tod ihrer Mutter und weinten zur Trauer, aber Rosel wollte nur ans Geld: „Wo hat sie es versteckt! Sie hatte ja ein Geschäft und da muss auch Geld sein. Sie hat es bestimmt im Kissen!", war ihr Beitrag zur Totentrauer. Sie holte ein Messer und schnitt ein Kissen auf. Aber Geld war keines zu sehen. Daraufhin packte mein

Vater Frau T. am Kragen und schmiss sie raus. Frida weinte und sagte, dass sich Rosel nicht schämt, weil sie nur immer ans Geld denken konnte. Ich hingegen weinte vor Trauer, weil sie meine Lieblingsoma war. Sie erzählte mir immer spannende Geschichten von Waltersdorf. Mein Vater teilte Frida mit, dass ich eine Vision hatte und beide Eltern aufgrund meiner Großmutter weckte, weil sie urplötzlich vor ihrem Bett stand. Frida wurde stutzig. Ihr war das nicht geheuer.

Einige Tage später war die Beerdigung. Die Familie trennte sich danach und das Leben nahm seinen normalen Lauf. Ich war jetzt alleine. Ich ging nach wie vor zur Schule und meine Eltern gingen arbeiten. Meine einzige Abwechslung war, dass ich ab und zu zur Ariane ging und Rose mit dem Kinderwagen spazieren fuhr. So war Ariane und ich nicht alleine, denn einige Zeit später bekam Anion vom Bund den Einberufungsbefehl. Ariane war in der Zwischenzeit erneut schwanger. Darüber war sie sehr depressiv, weil sie hellsichtig wusste, welch schwere Zeiten auf sie zukommen würden. Im Akasha sah sie, dass Anion beim Militär zum Alkoholiker wurde. Seine gesamten Kameraden tranken dieses wahrlich teuflische Zeug, welches aus einem wahren Menschen ein schweinisches Tier machte. Zu dieser Zeit fing Anion an – angeleitet durch den Dämonengott Samael – das Lied von Udo Jürgens zu singen:

> „Der Teufel hat den Schnaps gemacht
> um uns zu verderben.
> Ich hör´ schon
> wie der Teufel lacht
> wenn wir am Schnaps einmal sterben.
>
> Sie war so fromm
> sie war so lieb
> und sie gefiel mir gut
> und freundlich hab´ ich ihr erklärt
> dass mir der Schnaps nichts tut.
> Schon leerte ich das nächste Glas.
> Sie sprach: „Du tust mir leid
> denn mancher
> der so säuft wie du
> hat´s später dann bereut.

> Der Teufel hat den Schnaps gemacht
> um uns zu verderben.
> Ich hör´ schon
> wie der Teufel lacht
> wenn wir am Schnaps einmal sterben."

Er trank, was das Zeug hielt. Ariane sah jede Flasche Schnaps in seinen Körper fließen. Sie konnte aber dagegen nichts unternehmen, denn es war das Karma meines Bruders. Unbewusst nahm er wahr, dass mit ihm irgendetwas nicht stimmte. Diese „Stimme" ihm Kopf, die immer mit ihm weise sprach, ihm Rat und Hilfe erteilte, war der Dämon, der im entscheidenden Augenblick schmerzlich zuschlug. So fuhr er besoffen mit einem Spähpanzer einen Zaun, mehrere Sträucher und ein Auto nieder. Er hatte noch Glück, dass er keine Menschen dabei verletzte. Aber die Strafe erfolgte prompt. Er musste vor dem Feldwebel erscheinen, der ihn zur Rede stellte und anschließend in Arrest steckte. Er hatte wieder Glück im Unglück, denn er durfte das Buch von Franz Bardon „Der Weg zum wahren Adepten" mit in die Zelle nehmen, das er in einer Nacht ausgelesen hatte. (Alles Weitere steht im Buch: „Das Leben und die Erfahrungen eines wahren Hermetikers".)

Wie die Magierin schon wusste, kam ihr zweites Kind – Bini – geistig krank auf die Welt. Außerdem war sie traurig, weil sie auf Grund von magischen Ursachen, die sie still und heimlich durch quabbalistische Volte ins Akasha setzte, solch schwere Ängste und Depressionen bekam, dass sie eine Fürsorge benötigt hätte. Denn das zweite Kind wurde ihr aufgrund der Behinderung zu viel. Sie bekam keine Hilfe dafür, musste alles selber machen, denn Anion war meilenweit entfernt beim Bund. Deswegen zog sie mit ihren Kindern nach Munster, wo er stationiert war. Meine Eltern und ich fuhren jedes Wochenende hin und brachten ihnen Essen und Kleidung, weil sie wenig davon hatten. Sonntags, als wir immer nach Hause fuhren, weinte Rose so bitterlich, weil ihre „Oma" wegfuhr. Dieses Mal war es so schlimm, wir alle waren deswegen so fertig, dass meine Eltern sie mitnahmen, als sie Urlaub hatten. Die Dreijährige freute sich ungemein. Eine Woche blieb sie bei ihren Großeltern.

Als Anion eines Tages, als ich bei ihnen meine Ferien verbrachte und mit Ariane eine schöne Zeit hatte, wir kämmten uns immer die langen Haare, schrie Anion mich aus heiterem Himmel an, ich sollte doch mit den Kindern rausgehen, um zu spielen.

„Ich will mit meiner Frau alleine sein!"
Ich war vielleicht geschockt, aber wie ich später erfuhr, stand er unter Alkohol und nahm auch Drogen. Das schockte noch mehr. Deswegen bekam er richtigen Ärger mit meinem Vater, der das alles mitansehen musste, wie sein Sohn zum Süchtigen wurde. Und die Ursache: Der Pakt mit der Dämonengottheit, wie Anion es in seiner Autobiografie geschrieben hatte.
Doch die Wesenheit ließ ihn nie los. Ein Jahr später kam das dritte Kind in Munster zur Welt. Doch dieses Mal lief es nicht glatt. Wir bekamen ein Telegramm, dass Ariane in Lebensgefahr lag. Auch sie wurde von dieser Gottheit angegriffen, denn sie war ja mit Anion verheiratet, d. h. geteiltes Leid! Wir sind sofort nach Munster gefahren und als wir dort ankamen, war in der Wohnung alles voller Blut. Blutige Handtücher und Lappen lagen rum und die beiden kleinen Mädchen weinten bitterlich. Wir versorgten erst die Kinder und dann putzen wir die Wohnung. Ich hab dann auf die Kinder aufgepasst, als meine Eltern zur Ariane ins Krankenhaus fuhren. Sie mussten mehrere anfahren, da sie nicht wussten, in welchem sie lag. Zum Glück war sie außer Lebensgefahr. Aber das Kind, das sie in einer Sturzgeburt zur Welt brachte, hatte einen Herzfehler und starb noch im Krankenhaus einen Tag später. Ariane weinte sehr. Man sah ihr die Trauer an. Das Kleine sollte Daniela heißen. Aber da Anion nicht versichert war, kamen sie in hohe Schulden, an denen sie noch Jahrelang abzahlen mussten. Aus Geldmangel konnte er sich das beim Bund nicht leisten. Ariane war aber zum Glück außer Lebensgefahr. Als es ihr wieder besser ging, war das der Zeitpunkt, wo ihre Visionen unter ihrer Verwandtschaft bekannt wurden. Sie erzählte von ihnen immer frei heraus, sodass die Familie vor allem gewarnt wurde.
Alle nahmen sich zwei Tage Sonderurlaub, um das ganze Geschehen richtig zu verarbeiten und ihre zwei Kindern zu versorgen. Sie waren noch so klein. Wir fuhren anschließend nach Hause und kamen mit reichlich Essen zurück, worüber sich alle sehr freuten. Wir fragten Anion, wie lange er noch beim Bund bleiben müsste und dass es das Beste wäre, wenn er sich bei demselben versichern lassen würde. Dann wären die Schulden geringer. Der Bund müsste das nämlich zahlen. Anion stimmte zu, und meinte, er müsste sich dann noch ein Jahr verpflichten. Danach könne er ja wieder nach Castrop ziehen, um auf Ariane achtzugeben. Denn sie kann aufgrund ihrer Beschwerden nicht alleine bleiben.
Als wir spät am Abend in Castrop ankamen, sagte mein Vater, dass er mit

uns allen nächstes Wochenende gerne zu seiner Schwester nach Eschweiler fahren würde, um sie wieder mal zu sehen. Gesagt, getan. Eine Woche später befanden wir uns bei meiner Tante Frida. Sie hieß wirklich so. Dort wohnte auch meine zweite Tante namens Rosel. Kaum waren wir dort, sagte Frida: „Ich muss euch was zeigen. Das haut euch um. Franz – ihr Bruder – setz dich mal auf den Stuhl!"
Er tat, wie es ihm geheißen wurde. Frida lief um ihn herum und hauchte den Stuhl und meinen Vater sieben mal an und sagte: „Versuch aufzustehen! Es wird dir nicht gelingen!"
Aber mein Vater stand! Meine Tante war verblüfft darüber und konnte sich das nicht erklären.
„Das klappt sonst immer. Das funktioniert! Das verstehe ich nicht. Meister Bardon hat das doch so beschrieben!"
„Wer?"
„Franz Bardon, der Autor des Buches „Der Weg zum wahren Adepten".
„Zeig mal," verlangte mein Vater und seine Schwester gab ihm das Buch. Er guckte sich das an, las mal rein und war begeistert!
„Das hol ich mir!", sagte er.
„Von Bardon gibt es drei Bücher. Guck mal," und sie gab sie ihm.
Nach dem er sich die Werke ansah, war er hin und weg: „Die kauf ich mir alle!"
Mein Vater war so angetan von diesen wunderbaren Schriften, dass er nur noch in den Werken Arions las und sich für nichts anderes mehr interessierte. Es ging eine große Wandlung in ihm vor. Er flippte nicht mehr so schnell aus wie sonst! Er diskutierte mit Frida darüber und sah und hörte nichts mehr. Selbst auf der nachhause Fahrt sprach er nur noch über Hermetik und als wir ankamen, bestellt er sich sofort die drei Werke des Meisters, also den „Adepten", die „Evokation" und die „Quabbalah". Er las sie umgehend, nicht nur einmal, nein, gleich mehrmals hintereinander, weil sie dermaßen interessant waren und einen gangbaren Weg zur Gottheit offenlegten. Er war so angetan davon, dass er voll Begeisterung nicht nur die ersten Versuche machte, sondern als er seinen Sohn besuchte, nahm er alle drei Werke mit und zeigte sie meinem Bruder. Als Anion sie sah, bemerkte er, dass Frida sie ihm schon bei einem Besuch in Munster in die Hand gedrückt hatte. Er war aber genauso euphorisch wie sein Vater. Mein Bruder, wie wir oben schon schrieben, ließ sich von der Präsenz und universellen Gestaltung voll und ganz hinreißen und wollte gleich zu beginn mit den 4 Elementen experimentieren. Angeregt durch den frühen

Erfolg hypnotisierte er beim Bund seine Kameraden, ließ sich die Waffen aushändigen und erteilte ihnen Befehle, die sie alle getreu erfüllten. Vom Ergebnis des Experimentes überzeugt erzählte er alles seinen Vater, bis in allen Einzelheiten, so dass mein Vater aus dem Staunen gar nicht mehr herauskam.

„Dass das funktioniert, hätte ich nie gedacht!", sagte er.
„Doch, das Buch ist sensationell. Das hält alle Versprechen."
„Das muss ich ausprobieren", und versuchte sogleich an seiner Frau, meiner Mutter, sie in Hypnose zu versetzen und ihr Befehle zu erteilen. Und siehe da, es klappte wirklich. In Trance schrieb sie ein paar Sätze auf, die ihr dabei von der geistigen Welt eingegeben wurden. Daraus entstanden ganze „Litaneien", die leider mit der Zeit alle verschwanden. Eine Seite konnten wir jedoch retten:

So sprach Adonis:

Wer mir dient, den will ich lehren zu leben, gleich einem Fürsten, der da alles sein nennt auf Erden.

Wer mir dient, den will ich wachsen lassen, gleich den Bäumen. Er soll allenthalben Wurzeln haben, die Fülle, und unter seinen Schatten sollen tausende Ruhe und Erholung finden.

Wer mir dient, dem will ich mich offenbaren, wie ich mich von jeher offenbart habe denen, die meine Getreuen sind. Ich will sie zu Sternen machen, die da leuchten so stark und herrlich, dass die anderen geblendet sind.

Wer mir dient, den will ich die Fülle der Weisheit und die große Erkenntnis geben. Ob im Stehen oder Fallen, will ich meine Diener senden, die ihn behüten, dass jedes Unbill weichen und aufhalten muss.

Wer mir dient, leg ich alles zu Füßen und deine Widersacher sollen sich fürchten und wissen, dass ich der wahre Schöpfer bin. Du sollst berühmt werden auf Erden und alle Menschen sollen deinen Namen in Ehrfurcht nennen. Dies alles spricht der Geist des Herrn!

*

Daraufhin war mein Vater – Franz – so begeistert, dass er fast jeden Abend nach der Arbeit mit meiner Mutter – Inge – Versuche anstellte. Da solche einseitigen Unterfangen immer zu lasten des „Opfers", des Mediums, gingen, war es bei meiner Mutter auch der Fall. Mittlerweile wurde noch weitere Literatur gelesen – wie „Spaltungs-" und „Sexualmagie", die Praktiken mit Medien und Invokationen erklärten, welche meinem Vater zu weiteren magischen Operationen verleiteten. Inge wurde hypnotisierte, immer tiefer und tiefer, so dass sie schon in einen somnambulen Zustand fiel, in dem Franz leicht astrale Wesen rufen konnte. Dieselben gaben meiner Mutter Weisheiten ein, die sie sofort zu Papier brachte. Jedoch waren diese Wesen alles andere als rein, deswegen sie meiner Mutter jede Menge Lebenskraft entzogen. Die Folge davon war, dass sie dem Blut die Kraft entzogen, worauf sie ernsthaft krank wurde. Bei ihr wurde eine schwere Form der Blutarmut festgestellt. Als sie zum Doktor ging, sagte dieser im ernsten Ton, dass sich in ihren Adern mehr Wasser als Blut befindet. Sie musste ins Krankenhaus eingewiesen werden, denn dort behandelte man sie auf diese Krankheit. Sie war dadurch so schlapp, dass sie kaum gehen konnte, und bekam Bluttransfusionen, die sie nach einiger Zeit wieder auf die Beine brachten. Noch dazu bekam sie ein Unterleibsgeschwür, da das meistens der Wunde Punkt beim Menschen ist, wo negative Wesen gerne ihre verderblichen Ursachen setzen. Der Tumor wurde ihr operativ entfernt. Er war zum Glück gutartig. Als sie entlassen wurde, nach Hause kam, da schimpfte mein Bruder mit meinen Eltern, da er nämlich intuitiv wusste, dass solche ungesetzmäßigen medialen Zustände kein gutes Ende nehmen konnten. Doch mein Vater lächelte nur schwach, mehr konnte er nicht sagen. Experimente machte er erstmals keine mehr. Doch das war noch nicht aller Tage Abend. Als mein Bruder den Einsatz beim Bund beendete, zog er nach Castrop-Rauxel, und wir ließen bereits ein Haus im Stadtteil Frohlinde bauen, an der Kreuzung, wo eine große Christusstatue stand.

Nach dem das zweistöckige Haus beziehbar war, ging es in magischer Hinsicht so richtig los. Da Freunde Anions – Dieter B. und Ernst Ba. – mithalfen, genauso wie meine Tante und Schwester meines Vaters Rosel T., wurde in den Pausen während der Arbeit immer über die interessanteste Sache der Welt gesprochen – über Hermetik! Aufgrund dessen war mein Vater der Meinung, dass es besser sei, sich regelmäßig zu treffen. Die gesamte Truppe, alle an der Hermetik Interessierten, konnten sich am Wochenende bei meinem Vater im Haus einfinden. Anion pflichtete dieser Idee bei und auch, dass man einen Kreis, Zirkel oder Bund gründen sollte, fand er ganz hervorragend. Er kannte nämlich auch ein paar junge Leute, die dafür sehr aufgeschlossen waren.

Am folgenden Wochenende kamen dann Rolf, Werner, Frida, Rosel, Ernst, Dieter, Hannelore, Barbara, Peter, Ariane, Anion, meine Mutter und zu guter Letzt mein Vater. Es musste die Zahl 12 ergeben, um eine Beziehung zu den 12 Göttern des Olymp, den 12 Asen aus Asgard oder den 12 Aposteln aufzubauen. Die 13 stellte Werner, das spätere Medium dar. Die sogenannten eifrigen Schüler der Magie unterhielten sich stundenlang, bis in die tiefe Nacht hinein. Da kamen Ideen aus dem Akasha zutage, die als gut erachtet wurden.

Anion meinte: „Es wäre von großen Vorteil, wenn wir mit einem Medium arbeiten würden. Denn dieses könnte uns durch Vermittlung aus der astralen Welt mehr und bessere Informationen geben."

Dies sagte er, obwohl er aus den ernsten Verwicklungen mit seiner Mutter die nötigen Erkenntnis daraus ziehen hätte müssen. So schien es, denn der nicht sichtbare Dämon im Astralen hatte ihn wieder in seiner Gewalt. Er spielte mit ihm Marionetten-Theater. Ariane durfte nichts sagen, sie musste das Spielchen des Dämons mitmachen, weil sie wusste, dass alles in Endeffekt einen edlen Sinn ergab! Aber dies schmerze ihr sehr, da sie schon wahrnahm, wie „blutig" das Ende werden würde. Aber die Wahrheit tut nun einmal weh …

„Jau, das ist eine gute Idee," sagten die restlichen Mitglieder.

Alle machten sich ein paar Gedanken darüber, diskutierten noch ein wenig, und gingen dann nach Hause. Meine beiden Tanten – Frida und Rosel – blieben noch, da sie aus Eschweiler kamen und die Nacht bei ihrem Bruder verbrachten. Doch sie blieben gleich eine ganze Woche und mein Vater unterhielt sich mit ihnen nächtelang.

Nächste Woche wurde dann entschieden, wer die Rolle des Mediums einnahm. Für Werner schien das Ganze nicht nur neu zu sein, sondern auch sehr aufschlussreich in Erfahrung zu bringen, wie sich das anfühlen würde, von einem astralen Wesen, einem Vorsteher aus der „Evokation" des Meisters, besessen zu werden.

„Welches Wesen wollen wir nehmen?"

„Und welches eignet sich dafür?"

Fragen über Fragen. Keiner wusste so recht eine Antwort darauf.

„Wie wär´s mit Hagiel, der Königin der Venus? Sie vertritt die passive Seite, ist weiblich und nicht böse. Sie ist das erste Wesen in der „Evokation", welches namentlich Erwähnung findet."

„Ah, ja, das ist sehr gut. Werner soll sich auf einen Stuhl setzen. Unter seinem Sitz legen wir das Siegelzeichen auf grünem Papier."
Diesen alten rustikalen Stuhl mit Armlehnen besorgten wir von einem Trödelladen, welcher nicht billig war.
„Wir könnten noch schöne Musik spielen. Das lockt sie vielleicht an?", kam die Idee.
„Auch Wein wäre von Vorteil, denn wenn ein „Gast" zu Besuch kommt, reicht man ihm etwas zu trinken. Weintrauben sind ein Symbol der Eleganz und Schönheit!", meinte Ariane und hatte damit recht.
Das machten wir. Es wurde ein bekanntes Lied einer Band gespielt, das ungefähr den Geschmack von Hagiel treffen könnte. Als das Musikstück zu Ende ging, merkten wir plötzlich eine veränderte Stimmung im Raum, die absolute Harmonie ausdrückte. Es war dermaßen friedlich, lieblich und wohlwollend, dass wir fast alle in Ekstase gefallen wären. Ich sah dann, wie sich ein wunderschönes, weibliches Wesen, in einem grün-schimmernden Licht eingehüllt, dem Werner am Stuhl näherte und von ihm Besitz nahm. Sie hatte lange Haare und vorne an der Stirn ein Haarlocke, die aussah wie eine Sechs. Das Wesen Hagiel trug eine wunderschöne Krone und ein noch schöneres Kleid lag ihrem makellosen Körper an. Sie lächelte mich an, als sie in Werner einfuhr. Dieser bäumte sich auf, seine Gesichtszüge veränderten sich, seine Haltung wurde edel und nahm weiblich Züge an. Er saß wie eine herrschaftliche Königin in ihrem Thron, die Arme ausgestreckt auf den Lehnen, voll Würde und Ausstrahlung, das rechte Bein lang nach vorne und das linke eingeschlagen in der Mitte. Eine lieblich-berauschende Stimmung erfüllte den Raum und machte alle überglücklich. Alle Mitglieder des ersten Bundes stellten ihr sofort Fragen, die sie alle beantwortet. Jeder wollte der Erste sein, der mit dem Wesen sprach. Die Reihenfolge des Verfahren wurde jedes Wochenende so beibehalten.
Bei einem Treffen schelte es an unserer Türe. Es war die Nachbarin, Frau Ostermann.
„Frau Schwarzt, bei ihnen scheint es zu brennen. Da ist so eigenartiger Rauch im Garten."
Wir gingen sofort hinaus und guckten uns im Garten um. Es stimmte. Das gesamte Haus war von einem Nebel eingehüllt, der ungefähr einen Meter hoch war und vor sich hinwallte. Das sah richtig unheimlich aus. Wir alle waren sprachlos und so verwundert, dass wir das Treffen abbrachen und alle Zirkelteilnehmer verließen das Haus. Es wurde ein Verabschiedungsritual gemacht, ein zweites Lied wurde gespielt, da man das hohe Wesen

Abdanken muss, denn alles hatte in der zweiten Tarotkarte seine rituelle Entsprechung. Nur mein Vater, Anion und Ariane unterhielten sich über den Vorfall.

„Seltsam! Da merkt man wieder, wie mächtig solche Vorsteher wirken können und wie sich manche Hüter auf Erden kundtun."

„Ja, da hast du recht," bestätigte Ariane ihrem Mann. „Wollen wir uns nicht deshalb einen Tempel nach den Gesetzen des Franz Bardon einrichten, um den Wesenheiten die richtige Atmosphäre zu bieten, die sie für eine Manifestation benötigen. Die Geräte und Utensilien müsst ihr besorgen, und ich übernehme die Ladung derselben."

„Ja, sehr gute Idee. Papa und ich übernehmen die Besorgung der Säulen im Bauhaus. Mama kann sich ja um die Einzelteile für den magischen Spiegel kümmern. Wir benötigen dazu die Metalle der sieben Planeten und einen schwarzen Lack. Einen Spiegel haben wir schon. Wir nehmen den aus dem Schlafzimmer. Der hat die geeignete Form."

Es war der Spiegel, der von goldenen Stahlmaschen umgeben ist und sich nun in meinem Besitz befindet. Der sah aus wie eine Sonne. Alle Dinge wurden hergestellt, so wie es in der „Evokation" verlangt wird. Nichts wurde ausgelassen. Der gesamte Keller wurde renoviert und silberne Tapeten kamen an die Wand. An einem niederen Schrank wurden in den vier Farben der Elemente Kerzenständer aufgestellt. Dieser diente dann als Altar, an dem die Symbole von Sonne, Mond und einem Dreieck aufgeklebt wurden. An der Mitte der Wand kam der Spiegel zu hängen. Auf dem Boden legte mein Bruder einen Teppich in schwarz-weißen Kacheln nieder. Auf diesem kam ein Kreis, in dem ein Dreieck und ein Quadrat sich befanden. In die vier Ecken stellten dann mein Vater und Anion die vier Elementesäulen in ihren typischen Farben – in rot, blau, grün und braun. Die Säulen hatten alle einen Namen, denn dadurch wurde der Tempel belebt, denn alles was lebt, trägt einen Namen. Folgende Namen symbolisierten unsere vier Säulen im magischen Raum. Diese Namen befinden sich im Logenbuch des „Bardon-Kreis des Bundes" mit zugehöriger Zeichnung:

Linke Seite:
1. Säule – Daniel
2. Säule – Nithael
3. Säule – Immenia
4. Säule – Gabriel

Rechte Seite:
1. Säule – Nanael
2. Säule – Jabamiah
3. Säule – Manuel
4. Säule – Sailen

Ohne dass es jemanden auffiel, lud Ariane in einer stillen Stunde sämtliche Utensilien des Tempels, so dass er wahrlich heilig wurde und war. Die vier Säulen bekamen die vier göttlichen Grundqualitäten:
  Allmacht
  Allweiheit
  All-Liebe
  Allgegenwart
Auch der Kreis, das Dreieck, der Altar, die Räuchergefässe und zu guter Letzt der magische Spiegel wurden so stark geladen, dass man nur einen Wunsch äußern musste, und ein Wesen konnte sofort erscheinen. Wenn man den Raum betrat, bemerkte man augenblicklich ein elektrisches „Feld", das auf diese magische Ladung hinwies. Dies nutzten, ohne die wahre Bedeutung zu erahnen, die Mitglieder des Bardon-Kreises für ihre egoistischen Zwecke aus, denn es kamen von den Ungeschulten weitere Wünsche auf. Alle versammelten sich im Keller.
„Könnten wir nicht ein Wesen beschwören, welches für unsere Entwicklung dienlich sein könnte?", kamen die ersten Fragen auf.
„Umabel wäre dafür sehr geeignet."
„Ja, sehr gut, lasst uns ihn beschwören!"
Ohne die grundlegende Einhaltung der Hierarchie in der Evokation bildeten sie einen menschlichen Kreis, nahmen sich dabei an den Händen und es wurde eine rituelle Formel gesungen, welche Ariane aus dem Ur-Meer herausholen konnte. Kaum 10 Sekunden später merkte man eine veränderte Schwingung im Raum. Diese Kraft wurde immer stärker und stärker, und plötzlich kam ein Lichtzucken aus dem Spiegel, Nebel bildete sich im Tempel, denn der Merkur-Vorsteher Umabel wollte sich im Kreis manifestieren. Aber wie ist das so bei ungeschulten Menschen: Sie bekamen Angst, und rannten in Windeseile die Treppen hoch, raus aus dem heiligen Raum. Sie stolperten förmlich in ihrer Panik übereinander. Einzig und allein Anion und Ariane blieben im Keller, weiter beobachtend, was noch geschehen wird. Der Nebel verzog sich, die verstandanregende Schwingung verschwand und nur sein Siegelzeichen blieb zurück im Tempel. Ein „Fußabdruck" war in den Boden eingebrannt, welcher das stärkste Putzmittel nicht entfernen konnte, denn er wurde außerhalb des Spiegels von Ariane gerufen. Durch den Abdruck war sein guter Einfluss im Tempel hinterlassen worden – die Weisheit, die aus Dummen Magier macht!
Eine Stunde später kamen sämtliche Zirkelmitglieder wieder zurück. Als

sie sahen, dass das Wesen verschwunden war, trauten sie sich wieder zurück in den Raum. Sie waren immer noch nervös und blass vor Schreck, andererseits traurig darüber. Aber wie konnte es anders sein, sie waren eben ungeschult! Ein klärendes Gespräch beseitige etwaige Ängste und später konnten sie wieder lachen. Der Schock war überwunden.
Doch das nächste Wochenende stand schon vor der Tür. Harald und Barbara G. kamen neu dazu, da sich die gelungene Evokation in der Familie herumgesprochen hatte. Weitere wurden dadurch neugierig gemacht. Und wieder wurde Hagiel gerufen. Doch Ariane hatte etwas anders mit den Mitgliedern vor. Die Hohepriesterin musste ihnen einen Denkzettel verpassen, damit sie erkannten, dass man mit solch hohen Wesen keinen Schabernack treibt. Zu evozieren ist eine heilige Operation! Da sie eine wahre Meisterin war, invozierte sie in sich ein positives und in Barbara ein negatives Wesen, die beide voll unter ihrer willensmäßigen Kontrolle standen. Beide Menschen waren vom Tierkreiszeichen Fisch, Ariane das feine und reine, Barbara das zerstörende Prinzip. Ein seltsames Gefühl tat sich durch den Dämon im Tempel kund. Eine streitsüchtige Atmosphäre war spürbar, welche sofort die beiden von den Wesen besessenen Frauen zur Randale brachte. Ariane hob im Wettstreit einen ganzen Schrank hoch, Barbara eine Sitzgruppe. Sie beschimpften sich richtig laut, brüllten sich an, und zogen sich gegenseitig an den Haaren. Die Mitglieder mussten beide trennen, sie hielten sie direkt fest, bis sie sich wieder beruhigt hatten. Sie sprachen zwar immer noch angespannt, man merkte, dass noch etwas in der Luft lag. Im Werner war nämlich auch ein negatives Wesen hineingeschlüpft, welches böse Ursachen setzte. Es war ein richtig widerwärtig ekliges Wesen. Seine Stimme hörte sich extrem arrogant an. Ariane versuchte diesen Dämon zur Ruhe zu zwingen. Aber seine Antwort war nur ein umso schlimmeres Lachen, ein Lachen, welches ich noch niemals gehört habe.
„Hör auf mit deinem vorlauten Gelächter", schrie sie ihn an.
„Nur wenn du mir meine Füße leckst, haharahar," ertönte es durch den Raum.
„Nein, ich beuge mich nur vor meiner Gottheit. Niemals vor dir!"
„Harahar", . . . war die Antwort.
Plötzlich, wie aus dem Himmel geschossen, rannte Dieter ins Schlafzimmer, das gleich nebenan war, um das magische Schwert zu holen. Die Tür war abgeschlossen, aber das störte ihn nicht. Er rannte schnurstracks auf die Tür zu, und in seiner dämonischen Besessenheit –

was durch die Atmosphäre hervorgerufen wurde – riss er sie mitsamt dem Rahmen aus der Wand. Die Tür mit Rahmen und der Klinke hielt er in der Hand.
Ariane, welche dieses negative Spiel inszenierte, sah nur noch eine Möglichkeit. Sie schnappte sich das magische Schwert und stach es dem Besessenen von hinten mitten durch die Brust. Augenblickloch fiel das Wesen um, und klatschte mit voller Wucht auf den Fußboden. Alle Anwesenden schrien dabei laut vor Schreck. Alle dachten sofort beim Anblick, dass Werner, das Medium, tot sei. Aber es war nur vorne und hinten ein Loch im Pullover. Kein Blut war zu sehen, keine Fleischwunde.
„Das kann doch gar nicht wahr sein? Das Schwert durchstach doch seinen Körper? Er müsste tot sein?"
Da erhob er sich langsam, setzte sich auf und hielt sich den Kopf, da er mit voller Wucht auf ihn gefallen war.
„Wie geht es dir, Werner?"
„Es geht mir gut, warum fragt ihr? Was ist denn eigentlich passiert?", und er rieb sich immer noch den Kopf.
Man sagte ihm das, doch er konnte es kaum glauben. Aber wir waren froh, dass nichts Schlimmeres mit ihm geschehen ist.
„Es wäre vielleicht besser, wenn wir das heutige Treffen beenden und uns die schrecklichen Erlebnisse gut einprägen. Es war nicht ohne Grund, dass solche Dinge passiert sind", sagte Ariane wohlweislich.
Viele Mitglieder war es nicht bewusst, was eigentlich abgelaufen war. Es ist immerhin ein „magischer Unfall" geschehen! Aber zwei Wochen später war wieder ein Treffen. Mein Vater hatte nämlich das gefährliche Buch von Sebottendorff „Die geheimen Übungen der türkischen Freimaurerei" gekauft, von dem ihm Ariane abriet. Aber da mein Vater alles besser wusste, ließ er sich nicht davon abbringen. In diesem Werk ging es um das Vibrieren einer Formel in Verbindung mit Gesten. Mein Vater war so begeistert von dieser Schrift, dass er es sofort ausprobieren musste. Er rannte in den Keller, um es Anion zu zeigen.
„Lass mich mal die Formel IAO summen, dass der ganze Raum darin zum Vibrieren gebracht wird."
„Ja, probiere es mal."
Das tat er: I-I-I-A-A-A-O-O-O summte er ganz langsam und immer lauter werdend. Plötzlich geschah das Unerwartete. Unser Treppengeländer begann auf unerklärliche Weise zu schwingen. Immer stärker und stärker wurde das Dröhnen, so dass sich die beiden die Ohren zuhalten mussten.

Eine Sekunde später sprühten Funken in den verschiedensten Farben aus dem Metall des Geländers und schossen durch den Raum. Mein Bruder und mein Vater blieben vor Erstaunen still stehen, und sahen sich das „Wunder" mit großen Augen an. Aber selbst dies änderte die Meinung meines Vaters nicht. Er wollte die Praxis des kleinen Werkes durcharbeiten, er wollte die rituellen Fingerstellungen vor den einzelnen Körperteilen einnehmen, und dazu die entsprechende Formel summen. Und die Folge war: Er handelte sich eine rechtsseitige Gesichtslähmung ein, er konnte nicht mehr sprechen, geschweige denn die Formel singen. Die Gesichtsseite hing schlaff bei ihm herunter. Ich sah dann, wie mein Bruder Anion ihm helfen musste, weil Papa viel zu verzweifelt war. Anion machte ein Ritual, er zog ein paar magisch-geladene Gesten über dem Gesicht meines Vater, und er konnte augenblicklich wieder sprechen. O, war mein Vater heilfroh, wieder gesund zu sein. Aber damit er aus seinem Fehler bewusst etwas lernte, fror sein Gesicht jedes Mal ein, wenn er mit dem Motorrad zur Arbeit fuhr. Eine Zeitlang hing das Gesicht schlaff herunter und verhinderte das Sprechen. Das waren die sogenannten hermetischen Nebenwirkungen, die sein mussten. Der fanatische Froscherdrang meines Vaters in geistige Gebiete war so extrem groß, das er lernend sonst nie aus dieser Situation seine Schlüsse gezogen hätte. Deswegen hatte Ariane ihn oft in die Schranken gewiesen, aber dennoch, er blieb stur wie je zuvor.

Einige Zeit später kam er mit der Hypnose und dem Somnambulismus in Kontakt. Dieses Gebiet faszinierte ihn so sehr, da er Möglichkeiten sah, meine Mutter in Trance zu versetzen, um sie dann in Kontakt mit hohen Wesenheiten zu bringen. So schrieben es nun mal alle unbedeutenden Autoren, die alle unwissend über die wahren Gesetze waren und keine Verantwortung auf sich nehmen konnten. Papa traf alle Vorbereitungen und brachte meine Mutter soweit, dass sie mithilfe von magnetischen Strichen einschlief. Doch hatte das Ganze einen großen Nachteil: Als sie erwachte, öffnete sie die Augen und Inges gesamte rechte Seite konnte sie nicht mehr bewegen. Sie hing schlaff und leblos herunter. Alles war wie tot. Mein Vater bekam eine riesengroße Angst, versuchte alle Striche nochmal, nein, mehrmals, doch nichts half. Mama konnte die rechte Körperseite nicht mehr bewegen. Daraufhin rannte er verzweifelt zu meinem Bruder.

Da es aber schon nach Mitternacht war, und Anion schlief, machte er nicht auf. Dann rief er Dr. Bollte an, weil er Notdienst hatte, der sofort kam. Als er meine Mutter sah, meinte er, dass sie einen linksseitigen Schlaganfall hätte, weil ihre rechte Seite gelähmt war. Geschockt darüber, machte er die

Einweisung fürs das Krankenhaus fertig, aber in diesem Moment kam Anion, welcher durch den Lärm geweckt wurde.
„Was ist denn los?", fragte Anion verwundert.
„Mama hat einen Schlaganfall. Sie ist einseitig gelähmt. Dr. Bollte hat schon die Papiere fertiggeschrieben."
„Was? Wo ist sie denn?"
„Ihm Schlafzimmer."
„Was habt ihr dort wieder gemacht?"
„Nichts besonderes", stotterte er.
„Sag schon!"
„Ich hatte Mama mit Hilfe von magnetischen Strichen in Trance gesetzt", gab er zu.
Als sie ihm Zimmer ankamen, sah Anion die ganze Bescherung. Mutter konnte sich nicht bewegen, auch lallte sie nur, anstatt zu sprechen.
„Du meine Güte. Was hast du wiederangestellt? Kannst du eigentlich nicht denken? Du hast so viel erlebt. Durftest so viel sehen, du müsstest eigentlich wissen, wie gefährlich solche Experimente werden können, und machst dennoch so einen Blödsinn!"
Beschämt sah Franz zu Boden.
„Du musst mir nun versprechen, dass du so etwas nicht mehr machst, denn sonst bleib das nächst Mal ein Schaden zurück!"
„Ich verspreche es dir."
„Dann kann ich Mama helfen."
Er stellte sich vor ihr hin, breitete die Arme zu einer Stellung aus und schloss die Augen. Eine kurze Zeit später wurde der gesamte Raum heiß, rotes Licht war leicht zu sehen, welches plötzlich in Inges rechte Körperseite verschwand. Sie stöhnt leicht auf und konnte sich wieder bewegen.
Selbst Dr. Bollte, der das alles mitansah, sagte zu meinem Vater: „Herr Schwarzt, geben sie sich doch nicht mit solchen Dingen ab, das kann ganz böse Folgen haben."
Geschockt schaute er den Arzt an, der damit genau ins Schwarze traf!
„Was hast du gemacht?", fragte mein Vater Anion.
„Ich hab ihr elektrisches Fluid in die entsprechende Seite gestaut, damit ihre gelähmten Muskeln wieder aktiviert werden. Und so was kann man nur, wenn man richtig geschult ist, und nicht, wenn man ungesetzmäßige Experimente mit Trancearbeiten macht."
„Danke dir, Anion, ich wollte Mama schon ins Krankenhaus einweisen

lassen, obwohl mir davor immer graute!", gab er ehrlich zu.
„Gut, dass du das nicht getan hast, denn das hätte noch mehr Ärger gegeben."
Doch nicht nur sein Vater hätte Ärger bekommen, selbst Anion holte sein negatives Karma ein. Als er vor vielen Jahrhunderten in Tibet einen Pakt mit einem Dämon einging, schuf er sich solch schwerwiegende Ursachen, die er heutzutage noch abtragen muss. Ihm wurde die Fähigkeit genommen, astral oder mental auszutreten und in höhere Sphären zu wandern. Da sehr viele Autoren aber von den Zwangsmitteln der Drogen sprechen, griff er in seiner Verzweiflung zu diesen gefährlichen Mitteln. Viele Okkultisten wie Douval, Gregorius, Quintscher und Crowley schreiben davon in ihren Büchern, ohne die eigentliche Gefahr überhaupt nur zu erahnen. Selbst ein Magier wie Anion wurde davon süchtig. Als meine Eltern das beim Essen bemerkten, dass er die Gabel nicht richtig zum Mund führen konnte, gingen sie anschließend in seine Wohnung und sahen ihn im Bett liegend, total zugedröhnt. Mein Vater wollte ihn aus dem Bett holen, aber Anion schlug nach ihm, so dass mein Vater ihn wieder fallen ließ. Keinen anderen Ausweg mehr sehend, rief er die Rettung und meldete, dass sein Sohn Tabletten genommen hatte. Sofort kam er ins Krankenhaus, wo man ihm den Magen auspumpen musste, um Schlimmeres zu verhindern. Das war für meinen großen Bruder eine sehr schmerzhafte Erfahrung. Er ließ ab von den teuflischen Drogen, und schulte sich gemäß dem „Adepten" weiter.
Da er zum Glück eine gute Arbeit fand, die ihn von diesen Dingen auch noch ablenkte, konnte er frei werden von seiner Sucht. Daraufhin zogen sie in ein Schloss im Stadtteil Dingen. Geld hatten sie genug, da er Fernfahrer war. Aber das Schicksal, geleitet durch eine hohe Dämonengottheit, schlug zurück. Sie wollte ihn nicht aus seinen Händen gehen lassen. Norbert, der Bruder von Ariane, selber höchst depressiv, wollte Selbstmord begehen, klaute deswegen die Autoschlüssel des Laster und fuhr mit voller Wucht gegen ein Haus. Ihm ist zum Glück nichts passiert, aber Anion fand seine Schlüssel und seinen LKW am nächsten Morgen nicht mehr. Plötzlich schellte es und an der Tür stand die Polizei und nahm ihn mit aufs Revier, weil sie ihm Fragen wegen einem Unfall stellen mussten. Da hatte er den Grund für das Fehlen der Schlüssel und des Lastwagens. Aber leider war das auch der Grund, warum er seinen Arbeit verloren hatte. Das versetzte ihn einen gewaltigen Stoß nach hinten, und er fiel erneut in Depressionen. Daraufhin musste er stationär im Krankenhaus behandelt werden, denn seine Depressionen nahmen eine so starke Form an, die nur medikamentös

unter der Aufsicht eines Arztes therapiert werden konnte. Dr. Tessmann, der Chefarzt der Neurologie, nahm sich seiner intensiv an.

Dann kamen erneut die beiden Schwestern meines Vaters, Frida und Rosel zu Besuch und mein Vater erzählte ihnen, was mit Anion vorgefallen war. Beide waren sehr bestürzt. Aber Frida war mehr an anderen Dingen interessiert. Sie hatte nämlich den „Adepten" ausgelesen und wollte unbedingt davon erzählen. Sie war dermaßen berauscht von diesem Buch, dass sie die Realität mit der Fiktion verwechselte. Sie war nämlich der Meinung, dass Anion ein Elemental erschaffen hatte, welches sie die Treppen hochkommen sah. Im Kreis wurde nämlich mit der Schöpfung eines solchen Wesens experimentiert und ein Elemental erschaffen, um zu sehen, ob alles so funktioniert, wie es Bardon in der 7. Stufe beschrieben hat. Es funktionierte reibungslos, denn der Befehl wurde von dem „Wesen" in die Tat umgesetzt. Auch das Pendel zur Überprüfung des Geschaffenen schlug aus. Vor diesem Wesen hatte meine Tante Angst bekommen, weshalb sie in ihrer Einbildung das Wesen gesehen haben wollte. Anion hatte es vorweislich noch rechtzeitig getötet, wie es Bardon im „Adepten" dem Magier riet, um größerer Schäden zu vermeiden. Bis Mutti dann von der Arbeit im EVK in Castrop kam, unterhielt sich Franz mit seinen Schwestern und Ariane über Magie und deren Erscheinung.

Als Anion aus dem Sanatorium als gesund entlassen wurde, sind wir alle zum Gysenberg nach Herne gefahren. Dort gab es einen wunderschönen Park zum Spazieren. Wie als wenn es so sein müsste, trafen wie dort zwei Missionare, mit welchen wir ins Gespräch kamen. Die beiden – Bruder Häni und Cristens – erzählten uns von der „Kirche Jesu Christi", hatten das Buch „Mormon" in der Hand und wir bekamen die dazu benötigten Broschüren. Dieses Treffen wurde nämlich von Ariane so eingerichtet, die Ursachen wurden so ins Akasha gesetzt, damit die Mitglieder des Kreises auf andere, mehr religiöse, Gedanken kamen. Weg von den egoistischen Geschehnissen des ersten Bardon-Kreises des Bundes. Da am Sonntag eine Messe gehalten wurde, sind wir alle, die Familie und die Mitglieder, die wir Tags zuvor informierten, dorthin gefahren und haben daran teilgenommen. Wir waren sehr angetan darüber, als wir hörten, dass vorehelicher Sex, Alkohol, Kaffee und Tee verboten waren und dass die Mitglieder dort immer eine wöchentliche Selbstbeichte abhalten mussten, in der sie ihre Sünden vor der versammelten Kirche vortrugen. Wir wurden Mitglieder und Anion und Ariane ließen sich zuerst taufen. Danach ich, weil ich das Einverständnis meiner Eltern haben musste. Am Schluss waren meine

Eltern dran. Wir alle mussten dazu weiße Kleidung anziehen (siehe Foto), welches die Farbe der Reinheit widerspiegelte. Dann kamen die restlichen Kreismitglieder an die Reihe, wie Dieter, Ernst und Norbert. Dort lernten wir auch einen Franziskanermönch kennen, der über ein sehr hohes Wissen verfügte. Seine Weisheit hielt mit seinem Wissen schritt, denn er war ein Könner der Magie und der Quabbalah, was er uns unter Beweis stellte. An einem Wochenende kam er zu uns und wir schmierten und belegten Brote für alle Missionare. Plötzlich rief mich meine Mutter in die Küche:
„Komm mal, Mona, wir haben kein Brot. Das Mehl ging aus und Wurst haben wir auch keine mehr."
Ich schaute in alle Schränke, fand aber nichts. Ich teilte das meinen Vater leise mit.
„O Gott!, da müssen wir uns was einfallen lassen", und er fing an zu grübeln. Doch aus heiterem Himmel: „Mona, komm schnell. Du wirst es nicht glauben," brüllte Mutti unerwartet aus der Küche und überraschte mich damit.
Ich lief zu ihr.
„Schau mal!", und deutet auf die vollen Körbe. „Wir haben wieder Brot und Wurst, und das im vollen Maße."
„Das gibt es doch gar nicht," aber meine Mutter hatte recht. Wir hatten zu Essen in Hülle und Fülle. Selbst mein Vater konnte es nicht glauben.
„Das geht nicht mit rechten Dingen zu," murmelte ich so vor mich hin. Aber innerlich wusste ich, dass das Bruder Franke war. Als ich ihn ansah, lächelte er so seltsam und auch seine Augen funkelten in einem nie dagewesenen Licht. Dieses Erlebnis wurde sogar in der „Kirche Jesu Christi" wiederholt. Als ich dort mit Anette war, richteten wir wie immer das Essen für die Missionare an. Ich musste jedoch feststellen, dass nicht genug Essen eingekauft wurde, obwohl wir dafür das ganze Geld ausgegeben hatten. Ich teilte das Bruder Franke mit, weil ich mir keinen Rat wusste.
„Geh doch nochmals zurück und schau nach. Ich glaubt, du hast dich vertan."
„Nein, Bruder Franke, da ist nichts mehr. Anette hat auch nichts mehr gefunden."
Sie nickte.
„Tu mir den Gefallen," bestand er erneut darauf.
Ich erfüllte ihm seinen Wusch, und kam vor lauter Staunen nicht darüber hinweg. Ich lief in voller Aufregung zu ihm zurück.

„Das ist echt merkwürdig. Alle Töpfe waren wieder voll. Wir haben genug zu Essen. Aber ich verstehe das nicht!"
„Gott ist unergründlich," sagte er als Erklärung.
Später wusste ich, dass er alles auf quabbalistische Weise vollbrachte, wie es Franz Bardon in seinem dritten Werk beschrieb.
Bruder Franke war äußerst menschlich. Man konnte mit ihm über alles reden, er hatte auf jede Frage eine Antwort, die genau ins Schwarze traf. Man konnte wahrlich mit ihm Pferde stehlen! Da er aufgrund seiner magischen Tätigkeit aus dem Franziskaner-Orden hinausgeworfen wurde, weil er die Lehre der vier Elemente auf praktische Art und Weise vorführte, kümmerte er sich nun rührend um seine Frau, die er trotz seines hohen Alters noch pflegte. Wenn man mit ihm unterwegs war oder er wurde eingeladen, ging er zehn stundenlang nicht auf Toilette oder er aß und trank den ganzen Tag nichts. Dies tat er, um eine magische Operationen zur Vollendung zu bringen. Aufgrund der ganzen Auffälligkeiten zeigte ich ihm einmal den „Adepten".
„Liebe Mona, legt diese Buch niemals beiseite. Es ist Gold wert!"
Er empfahl mir auch als katholischer Priester das Lesen der Apokryphen, weil dort Geschichten über Christus und andere Mysterien beschrieben wurden, die man ansonsten nicht zu lesen bekam. Er erzählte, dass selbst die Klöster magische Schriften besitzen, die sich wunderbar für die vierpolige Entwicklung eignen würden. Heute noch sogar sprechen die Mitglieder in der Kirche von ihm noch in höchsten Tönen. Viele, wie der Bischof der Neuapostolischen Kirche, hatten Angst vor ihm, denn wenn er etwas sagte, dann hatte das durchschlagende Kraft und seine Worte waren von erstaunlicher Wirkung, die sich keiner erklären konnte.
Selbst Ariane, die über erstaunliche Fähigkeiten verfügte, hielt rein hermetische Predigen in der „Kirche Jesu Christi der Heiligen der letzten Tage". Diese wurden von der Kanzel den Mitgliedern vorgetragen, damit sie anfingen hermetisch zu denken und ihre eigenen Lehren richtig zu verstehen. Der zum Teil theatralisch-biblische Stil wurde bewusst gewählt, weil die Mitglieder nur die Bibel und andere religiös-christliche Bücher kannten. Aber auch so kann man hermetische Lehren unter das Volk bringen:

1. Predigt:

Liebe Geschwister!

Ich freue mich, heute zu Ihnen sprechen zu dürfen, jedoch möchte ich gleich am Anfang ein paar sehr kritisches Dinge in Augenschein nehmen, die in unseren Büchern des Öfteren zu finden sind. So zum Beispiel in „Jesus der Christus" und in den „Glaubensartikeln". Auf Seite 49 „Die Glaubensartikel" steht geschrieben: Die Persönlichkeit eines jeden Gliedes der Gottheit! – Aus den schon angeführten Beweisen geht klar hervor, dass der göttliche Vater ein Wesen mit einer bestimmten Gestalt, mit körperlichen und geistigen Leidenschaften oder Gemütsbewegungen ist.
Liebe Geschwister, gerade diese Sätze und die Ansprache Schwester Nisset vom vorigen Sonntag regten mich zum scharfen Nachdenken an und ich bitte Sie ebenfalls über die geschriebenen Dinge nachzudenken. Ich selbst kam zu dieser Einsicht, dass Gott der Vater zwar die Gestalt eines Menschen hat, jedoch so edel und rein, das Er gar keine Leidenschaften besitzen kann. Wenn man das Wort „Leidenschaft" etwas näher betrachtet, so heißt das, man hat sich ein Leiden geschaffen. Das kann man sagen, wenn man viel Alkohol zu sich nimmt, oder ein starker Raucher ist. Ich meine, dass eine Leidenschaft stets etwas Schlechtes ist, und ich glaube nicht, dass der himmlische Vater je etwas Schlechtes tun kann oder würde. Oder sollte ich mich irren, indem man unseren Vater im Himmel Leidenschaften im körperlichen so wie im geistigen Sinne zugestehen muss? Ich bin der Meinung, dass es sich lohnen würde über diese Dinge in der Sonntagschule (welche in verschiedenen Klassen bzw. Gruppen aufgeteilt wurden und verschiedene Diskussionsthemen diskutierten) zu sprechen, damit Klarheit über solche Schriftsätze, wie sie in den Glaubensartikeln stehen, geschaffen werden kann.
Ebenso kritisch betrachtet habe ich, liebe Geschwister, dass Gott Vater ein Mensch gewesen sein sollte, so wie wir.
Sollte es so gewesen sein, müsste Er auch einmal unvollkommen gewesen sein, so wie wir. Doch frage ich mich dann, wo und wie Er sich entwickelt haben sollte, denn in den heiligen Schriften steht geschrieben, dass Gott Vater mit seinem Sohne die Welten so wie Planeten und Erden geschaffen hat, ebenso alle geistigen Wesen, ob Mensch oder Tier. Dies kann man in den Offenbarungen Josef Smith – Moses 3. Kapitel 7 lesen. Es steht dort wie folgt: „Und ich Gott der Herr bildet den Menschen aus dem Staub der Erde und blies den Odem des Lebens in seine Nase. Und der Mensch wurde eine lebende Seele. Das erste Fleisch auf Erden, und auch der erste Mensch, doch wurden alle Dinge zuvor erschaffen, aber geistig wurden sie erschaffen, und nach meinen Wort gemacht."

Daraus geht ebenfalls klar hervor, dass Gott die Menschengeister erschaffen hat und demnach kann vorher kein anderes Fleisch auf Erden gewesen sein.
Dann habe ich mich gefragt, wer wohl Gott Vater geschaffen haben sollte. Ich bin der Meinung, liebe Geschwister, dass unser Vater im Himmel immer und ewig, das heißt von einer Ewigkeit zu anderen gelebt hat und leben wird, sodass Er keinen Anfang hatte und auch kein Ende. Siehe Moses 1. Kapitel 3, in der „Köstlichen Perle" steht folgendes geschrieben: „Und Gott redete mit Moses und sprach: Siehe, ich bin der Herr, der allmächtige Gott und Endlos ist mein Name, denn ich bin ohne Anfang der Tage oder Ende der Jahre und ist das nicht Endlos?"
Auch darüber müssten die Geschwister sich Ihre Gedanken machen. Nun kann man aber sagen, macht Euch doch nicht so viele Gedanken; lest nicht so viel in den Heiligen Schriften, denn wir werden alles noch früh genug erfahren.
Auch da habe ich eine andere Meinung, denn nur das Studieren in den Heiligen Schriften kann uns näher zu Gott bringen. Nur wer an diesen Dingen arbeitet, kann Offenbarungen empfangen. Studiert man die Heiligen Schriften nicht und liest nicht die Bücher der Propheten, so werden wir kaum eine Weiterentwicklung im Evangelium haben, denn Gott sandte uns stets Propheten, um sein Wort über sie an uns Menschen kundzutun und Er offenbarte uns dadurch sehr große Weisheiten und lässt uns tief in seine Schöpfungsgeschichte Einblick nehmen. Woher wollten wir sonst wissen, dass der Mensch in Seinem Ebenbilde geschaffen wurde; woher wollten wir wissen, dass Jesus Christus sein Erstgeborener Sohn ist und woher sonst wollten wir wissen, wer das Licht geschaffen hat. Doch ich könnte hier noch viele Dinge aufzählen, die der Vater im Himmel den Propheten offenbarte. Gerade dieses ist unsere Aufgabe, diese Dinge zu lesen, zu studieren, darüber nachzudenken, aber auch darüber zu beten bzw. zu üben.
Nun, liebe Geschwister, will ich es gut sein lassen mit dem kritischen Worten. Ich selbst bitte Sie nochmals über diese Dinge nachzudenken. Ich bezeuge Ihnen, dass ich an unseren Propheten Spencer W. Kimball mein volles Vertrauen setze, indem Er der Prophet unserer jetzigen Zeit ist. Ich glaube an die Worte und Offenbarungen, die er uns gibt, ebenso glaube ich an unseren Himmlischen Vater und an Jesus Christus seinen Erstgeborenen und somit an seine Kirche, die ja seinen Namen trägt. Ich glaube auch daran, dass der Vater im Himmel und sein Sohn einen Körper haben, denn

wer sonst zusammen mit dem Heiligen Geiste sollte all die Welten in unserem unendlichen Kosmos geschaffen haben; wer sonst die Grundelemente Feuer, Wasser, Luft und Erde aus dem Urstoffe geschaffen haben. Er schuf alle Pflanzen, alle Tiere und uns Menschen. Doch der Mensch ist die Krönung der Schöpfung, denn nach seinem Ebenbilde wurden wir geschaffen. Deshalb ist der Mensch eine Besonderheit – ausgestattet mit Körper, Seele und Geist, aufgebaut gemäß seiner Ur-Elemente und deren Gesetzmäßigkeit, ja aufgebaut wie Gott selbst. Deshalb können wir Menschen, wenn wir reif genug sind, Weise und Edel selbst zur Gottheit werden. Und in diesem Zustand kann der Mensch Dinge vollbringen, wie Gott selbst.

Das alleine, liebe Geschwister, und dass wir wissen, dass es so ist, darüber sollte man jauchzen vor Freude, denn wir in unserer „Kirche Jesu Christi, die Heiligen der letzten Tage", glauben diese Dinge und wissen somit auch, was das Wort „Mensch" für eine große Bedeutung hat.

Ich bin sehr froh, dass ich den Weg zur Kirche fand und getauft wurde. Dies alles bekunde ich in Ehrfurcht und Demut im Namen des Erstgeborenen Sohnes

Jesus Christus – Amen!

*

2. Predigt:

Liebe Geschwister! 17.7.77

Ich freue mich heute vor Ihnen stehen zu dürfen, um Ihnen über Gott und seine Schöpfung etwas sagen zu können. Und somit möchte ich über die Elemente sprechen:

Wie Sie wissen, schuf zuerst unser Vater im Himmel das Feuer. Das Feuer beinhaltet das Licht, die Wärme und die Ausdehnung, sowie die Elektrizität und somit entstand durch das Licht der Tag. Als Gegenpol zu dem Element Licht und Feuer schuf Gott das Wasser. Es war das zweite Element. Es trägt in sich die Dunkelheit, die Kälte, die Anziehungskraft und den Magnetismus. Als ausgeglichenes Element schuf Gott die Luft. Sie ist der Träger der beiden großen Elemente Feuer und Wasser. Vom Feuer neutralisiert sie die Hitze und vom Wasser die Kälte. Diese drei genannten

Elemente machen ein Leben auf unserer Erde erst möglich. Die Erde selbst wird als viertes Element bezeichnet, das unser allweiser Gott schuf. Dies ist kein ursprüngliches Element, denn dieses setzt sich aus den drei Hauptelementen, die ich eben nannte, zusammen. Daran können wir erkennen, wie weise unser Vater im Himmel schuf. Das Hauptelement ist jedoch der Uräther. Der Uräther, der immer schon bestand und besteht, ist der Urgrund aller hier genannten Elemente. Aus diesem heraus schuf unser Vater im Himmel mit seinem Sohn Jesus Christus alle Dinge, sowie die zeitliche irdische Welt, aber auch die feinstoffliche seelische und die noch feinere geistige Welt.

Der große Philosoph Agrippa von Nettesheim schrieb wunderbare Dinge über die Schöpfungsgeschichte. Durch scharfes Nachdenken und meditieren wird hiermit erklärt, wie unser großes Universums, genannt Makrokosmos, entstand. Denn dem Feuerelement unterliegen unsere Sonne und alle anderen Sonnen in unserem Universum. Getragen durch die Anziehungskraft des Wassers und der Expansion des Feuers, ist es erst all den Planeten und Sonnen möglich, die ihnen vorgeschriebenen Bahnen, die der göttliche Vater für jeden Stern berechnete, zu ziehen. Hiermit eingeschlossen auch unsere Erde, auf der wir leben.

Wie wir wissen, sind wir Menschen ebenfalls von diesen großen Schöpfungsdingen abhängig. Denn kein Mensch, sowie Tiere und Pflanzen können ohne diese genannten Elemente leben. Selbst unser unsterblicher Geist ist auf diesen Dingen aufgebaut. Wir Menschen wurden ja nach Gottes Ebenbild geschaffen. Da im Menschen die gleichen Gesetzmäßigkeiten ablaufen wie in unserem großen Universum, sagt man zu ihm Mikrokosmos. Durch ihm wird das Pentagramm erklärt. Wenn Sie die Bibel zur Hand nehmen und das erste Buch Moses Genesis aufschlagen, werden Sie feststellen, dass all die genannten Dinge über die ich hier spreche, wiederzufinden sind. Im Moses 1-23 Kapitel 26 spricht nämlich unser göttlicher Vater: „Lasst uns Menschen machen nach unserem Bilde, gemäß unserem Gleichnis."

Daraus ist zu ersehen, dass wir Gottes Kinder sind. Und da wir Gottes Kinder sind, können wir durch tiefes und andächtiges Beten und Üben in uns selbst erfahren, wie Gott ist. Denn wir sind ja seine Ebenbilder. Nur so können wir unseren Vater im Himmel ergründen und Ihm näher kommen.

Wir Menschen sind aufgebaut wie folgt:

Erst waren wir geistige Geschöpfe in der Sphäre der Geisterwelt. Von da aus gelangten wir in die zweite Sphäre der Seelenwelt und durch diese wiederum, durch die Geburt unser irdischen Mutter zur grobstofflichen, irdischen Welt. Da unser Körper des Geistes, der Seele und der Erde – materieller Körper genannt – aus den gleichen Elementen zusammengesetzt ist, die ich des Öfteren nannte, ist unser Körper auch Träger der genannten Eigenschaften der Elemente, welche wiederum durch den Charakter des einzelnen Menschen sichtbar werden. Und somit teilt man die Menschen in vier Hauptgruppen ein:

1. Der Choleriker, der aus dem feurigen Temperament entspringt.
2. Der Sanguiniker, der aus dem Luft-Element entspringt.
3. Das melancholische Temperament, das aus dem Wasser entspringt, sowie
4. der Phlegmatiker, dem das Erdelement zugrunde liegt.

Somit unterliegen dem Feuer die Augen, der Luft die Ohren, dem Wasser die Empfindungen, der Erde der Geschmack und Geruch und dem Uräther alles zusammen!
Unseren unsterblichen Geist unterliegt somit dem Feuer unserer Wille, der Luft den Verstand, dem Wasser das Gefühl, der Erde das Bewusstsein und des Uräthers das Gewissen. Somit erklärt sich die Übertragung vom Geiste über die Seele, die ja das Bindemittel zwischen Geist und Körper ist, um Wahrnehmungen auf unserer irdischen Welt aufnehmen zu können.
Dies ist nur ein kleiner Ausschnitt über die unvorstellbare große Schöpfung unseres Vaters im Himmel, sowie seines Sohnes Jesus Christus und seinem Heiligen Geist, was auf die Dreifaltigkeit hinweist.
Und dies, meine lieben Geschwister, ist erst der Anfang meiner zukünftigen Reden und ein kleiner Einblick in die große Schöpfungsgeschichte. Das nächste Mal werde ich Ihnen mehr und tiefere Dinge über die Schöpfungsgeschichte berichten. Natürlich mit Einverständnis unseres Bischofs. Ich habe darüber viele Bücher wie z. B. die Bibel, das Buch Mormon, die Köstliche Perle und andere gelesen, um in diese Dinge, die ich Ihnen hier nennen kann, Einblick zu nehmen. Nun liebe Geschwister, möchte ich Ihnen sagen, dass ich somit weiß, dass unser Vater im Himmel lebt, dass sein Sohn Jesus Christus zu seiner Rechten sitzend mit an der Schöpfung aller Dinge wirkte. Ich weiß auch, dass der Prophet Josef Smith, inspiriert durch den Heiligen Geist, all die Wahrnehmungen, die in der Köstlichen Perle offenbart wurden, um den Menschen auf Erden die universelle Wahrheit zu bringen. Ich weiß auch, dass der jetzige Prophet

Spencer W. Kimpall ein bevollmächtigter Gottes ist. Dass all seine Offenbarungen vom Göttlichen Vater kommen und deswegen sollten wir all seine Worte beherzigen und stets danach handeln. Wenn wir das alle gemeinschaftlich tun, liebe Schwestern und Brüder, wissen wir, dass wir auf einem harten Fels bauen. Und kein Mensch der anders denkt als wir, kann uns erschüttern. Halten wir uns an das Gebot der Weisheit, werden wir reichlich gesegnet werden durch unseren Göttlichen Vater. Und dies sage ich in Aufrichtigkeit und voller Demut im Namen Jesu Christi – Amen.

*

Nach diesen Predigten musste Ariane und auch Bruder Franke vorm Bischof antanzen, um sich eine Kritik abzuholen, da sich manche Schwestern und Brüder über derartige Reden auflehnten. Die Reaktion der beiden Eingeweihten war nur ein mildes Lächeln.

Ein Monat später erkrankte meine Vater schwer. Er hatte Darm- und Leberkrebs, obwohl er sein Leben lang keinen Tropfen Alkohol getrunken hatte. Der Schock war für ihn so groß, dass er sich selbst total aufgab. „Das überlebe ich nicht", sagte er wörtlich! Er konnte nicht mehr, er war seelisch-nervlich am Ende. Inge, seine Frau, versuchte alles, um das negative Schicksal abzuwenden. Sie bat Anion und Ariane ihm zu helfen. Sie boten meinem Vater an, ein Wesen zu rufen, welches ihm helfen sollte. Aber er war sich zu stolz, vor einem Vorsteher zuzugeben, dass er Hilfe benötigen würde. So suchte meine Mutter alle möglichen Heiler auf, die mit ihren angeblichen Fähigkeiten Wunder verrichten konnten. Sie fand eine Frau, die von sich behauptete, eine richtige Ferndiagnose geben zu können. Sie brauchte nur den Namen der betreffenden Person und sofort bekommt sie – natürlich hellsichtig . . . – die richtigen Informationen. Sie gab daraufhin meiner Mutter für eine große Summe Geldes ein Gebet, welche sie täglich zu einer gewissen Uhrzeit aufsagen musste. Doch, wie kann es anders sein, half das Gebet nicht. Und der Fehler lag zweifellos, nach Meinung der Heilerin, bei meinem Vaters, der todkrank im Bett lag.

Meine Mutter gab aber nicht auf. Sie fand dann einen Magnetiseur, der auch nach Hause kam. Zu Beginn pendelte er die Krankheit aus, gab seine eigene Diagnose. Dazu verabreichte er extra dafür angefertigte Medikamente. Nach drei Sitzungen gab er dann Bescheid, dass mein Vater gesund sei. Mit einer dicken Geldtasche verließ er zufrieden das Haus. Wir freuten uns sehr darüber, weil wir ihm geglaubt hatten. Einige Tage später ließen wir Franz im Krankenhaus untersuchen, doch stellte der Arzt eine erschreckende Tatsache fest.

„Der Krebs hat sich weiter ausgebreitet!"
Das war ein derber Schock für uns. Papa ging es nicht besser! Das konnten wir anfangs gar nicht verarbeiten. Ich war sehr traurig über diese Entwicklung. Ich ging in mein Zimmer, und hört den ganzen Tag Musik.
„Wenn mein Vater gesund wäre," dachte ich mir, „dann wäre das eine Erfüllung meines Traumes."
Auf einmal setze sich ein Rabe, der Bote Odins, auf mein Fenster und sprach mit der Stimme meines Vater: „Liebe Mona, ich werde in Kürze sterben!"
Ich war so erschrocken darüber, dass ich schreiend zu meinem Bruder in den Keller lief, wo er mit seiner Familie wohnte.
„Das ist kein gutes Zeichen. Das ist ein Todessymbol!", meinten Anion und Ariane, nachdem sie mich beruhigt hatten.
Daraufhin ging ich schlafen. In der selben Nacht wurde ich plötzlich wach. Eine Stimme weckte mich: „Steh auf, Mona, und siehe!"
Ich erschrak. Was war denn das?, fragte ich mich und setze mich auf die Bettkante. Plötzlich nahm ich ein eigenartiges Schimmern im Flur wahr. Ich stand auf, ging hinaus, um das zu verfolgen. Was ich sah, werde ich nie mehr vergessen. Ein wunderschönes hell-weiß leuchtendes Wesen, blonde Haare und blaue Augen, ging gerade in das Schlafzimmer meiner Eltern. Es stand beim Bett meines Vaters und hob segnet die Hände über ihn, als ob es ihn magnetisieren würde.
„Was machst du da?", fragte ich das Wesen. In diesem Moment wurde meine Mutter wach und die Erscheinung war verschwunden.
„Mona, was ist los? Was machst du hier?"
„Mama, irgendetwas stimmt nicht! Guck dir mal Papa an."
Sie dreht sich zu ihm und wollte ihn wecken. Aber es ging nicht.
„Franz, was ist los mit dir? Wach auf!"
Aber er rührte sich nicht. Mama bekam Panik, sie lief sofort zu ihrem Sohn im Keller und weckte ihn. Anion kam hoch und guckte sich seinen Vater an, guckte ihm in die Augen und erwiderte: „O, Papa ist ins Koma gefallen."
Ich bat daraufhin Anion, meinem Vater zu helfen. Er meinte aber, dass er das Schicksal nur für kurze Zeit um Aufschub bitten kann. Mehr ist nicht möglich.
„Denn das Ende steht schon geschrieben", sagte er wörtlich.
Wir riefen aber auf jeden Fall die Rettung an und währenddessen sie kam, ging ich zu meiner Schwägerin runter und erzählte ihr den Vorfall mit dem Wesen.

„O, das war Osrail, der Todesengel. Aber mach dir keine Sorgen, das ist ein gutes Symbol", was ich falsch verstand, denn ich dachte, er würde wieder leben.
Eine Stunde später rief plötzlich das Krankenhaus an, und sagte uns, dass Papa aus dem Koma erwacht sei. Freudig darüber fuhren wir dorthin und umarmten ihn. Er lebte dann nur noch ein Jahr. Eines Tages stellte er seinen Wecker auf 3.00 Uhr. Zu dieser Zeit blieb sie stehen, und er verstarb! Intuitiv spürte er die Zeit, in der er sterben würde. Es wurde der Notarzt gerufen, er bestätigte den Tod und der Leichenwagen holte ihn ab. Aber das war noch nicht alles. Da alle Verwandten rein egoistisch dachten, wollten alle das Haus erben bzw. die medialen Aufzeichnungen meiner Mutter, welche außerordentlich interessant waren. Sie wollten uns einfach rausschmeißen, da der Hausherr verstorben war; so dachten sie in ihrem Wahn! Das zeigte uns klar, wie sie alle in Wirklichkeit waren. Richtige Unmenschen! Aber auch das konnten wir klären. Zum Glück!
Nach dem Begräbnis kam unerwartet Dieter bei uns vorbei, der einige Zeit mit der Dämonengottheit Samael zusammengearbeitet hatte. Diese „verdrehte" ihm durch die dämonische Ausstrahlung so sein Bewusstsein, sodass man ihn als verrückt einstufen musste. Außerdem verlor er seine Frau und seine beiden Kinder, hervorgerufen durch dieses „giftige" Wesen, dessen Name „die Strafe Gottes" bedeutet!
Dieter wollte mit meiner Mutti sprechen. Er sagte:
„Hast du mir nichts zu sagen?"
„Was meinst du?", fragten wir.
„Dein Ehemann Franz war bei mir, und ich sollte dir schöne Grüße ausrichten."
„Was?"
„Ja, schöne Grüße sollte ich euch überbringen."
Wir wussten nicht, was das zu bedeuten hatte. Doch es ging noch schräger weiter. Auch der dicke Ba. besuchte uns. Er behauptete steif und fest, Franz gesehen zu haben.
„Er sagte zu mir, was suchst du den Toten unter den Lebenden", meinte er.
Wir wussten ernst recht nichts darauf zu erwidern. Als mein zweiter Ehemann – Hohenstätten – ihn einmal sah, wusste er sofort, dass dieser nicht alle Tassen im Schrank hatte. Seit dem haben wir ihn nicht mehr gesehen. Ist auch besser so. Dieser lebt mit 10 Katzen fast erblindet in einem Wohnwagen.
Ein halbes Jahr später lernte ich einen netten jungen Mann kennen. Er war

mir sehr sympathisch. Ich verliebte mich auf Anhieb in ihn. Ich wollte ihn sofort heiraten. Doch mein Bruder meinte, dass dieser sein wahres Ich erst noch entpuppen würde. Doch ich wollte endlich frei sein. Frei und ungebunden von meiner Mutter, die mich nach dem Tod meines Vaters total an sie gebunden hatte und über mich bestimmte. Ich war wahrlich ihr Sklave! Sie machte mich förmlich abhängig von ihr. Deshalb vermählte ich mich trotz der vielen und gut gemeinten Warnungen. Am Tag unserer Hochzeit hatten wir auch anschließend eine kleine Feier, wo er zum ersten Mal sein wahres Wesen zeigte. Bernd, so hieß er, trank über alle Maßen Alkohol, war total betrunken. Die Folge davon war, dass er anfing, aggressiv zu werden. Er fing einen Streit mit Anion an. Dieser ließ sich das nicht gefallen, und sah ihn konzentriert zwischen die Augen, und Bernd sank abrupt zu Boden und knallte dabei mit voller Wucht mit dem Kopf auf die Tischkante. Er war ohnmächtig! Alle starten Anion an, keiner wusste, wie das vor sich ging. Nun trugen sie meinen frisch Vermählten ins Schlafzimmer und legten ihn ins Bett. Mein Cousin fragte mein Bruder: „Wie hast du das gemacht?", und sah ihn dabei ganz ängstlich an.
Anion wollte nicht recht mit der Sprache heraus. Nochmal wurde ihm diese Frage gestellt: „Wie hast du das gemacht, Anion? Sag schon!"
Er ließ nicht locker. Deshalb antwortete ihm mein Bruder: „Es gibt Bücher, die eine geistig-seelische Entwicklung vorschreiben. Wenn man sich daran hält, alle Lehren umsetzt, die darin verlangt werden, z. B. das seelisch-charakterliche Gleichgewicht zu erlangen, dann bekommt man früher oder später als Belohnung gewisse Fähigkeiten."
„Ach, so etwas gibt es?"
„Ja!"
„Wie heißt denn das Buch?"
„Der Weg zum wahren Adepten" von Franz Bardon."
Und er war begeistert, doch nur für eine Sekunde, denn als er erfuhr, wie viel man dafür opfern müsste, keinen Alkohol mehr trinken darf, um immer und in jeder Situation einen klaren Kopf zu behalten, sträubte sich alles in ihm dagegen. Er war nämlich auch ein Freund der „geistigen" Getränke. So blieb das alles nur bei einer der vielen Eintagsfliegen.
Als mein Mann am nächsten Mittag wach wurde, wunderte er sich, wie er ins Bett kam und warum er so unter Kopfschmerzen litt. Er war darüber ganz sprachlos. Deshalb blieb er vor Scham über seinen vermeintlichen Blackout die nächsten Tage nüchtern.
Doch er war nicht Herr über sich selbst, so verfiel er wieder dem Trinken,

fing daraufhin erneut an zu stänkern und knallte mir eine. Ich fiel nieder, und meine Wange tat fruchtbar weh. Er schlug mit seiner ganzen Manneskraft zu. Weinend lief ich aus dem Haus, da es nicht bei diesem einen Schlag blieb. Immer wen er betrunken war, schlug er mich. Er benütze auch seine Fäuste und schlug mir mehrmals ein blaues Auge. Als ich von meiner Benommenheit wird einigermaßen klar wurde, rannte ich heimlich so schnell ich konnte zu einem Nachbarn, der die Polizei rufen sollte. Die kamen sehr schnell, nahmen ihn mit, denn er war ihnen schon bekannt. Er zerstach sogar einmal die Autoreifen eines Polizeiautos. Allein deswegen musste ich einiges an Bußgelder zahlen. Ich wusste gar nicht, das er auf Bewährung war. Er musste dann vor seinem Bewährungshelfer antanzen. Von dem bekam er gesagt, wenn er solche Dummheiten nicht unterlasse, dann wandert er wieder ins Gefängnis. Das schockte ihn so sehr, dass er ein halbes Jahr lang kein Bier mehr trank. Er wurde ganz lieb, so dass ich ihn gar nicht anzeigen musste und konnte. Man konnte mit ihm auch ganz vernünftig reden. Doch nur bis zu dem Zeitpunkt, wo meine Mutter mit Anion auf Besuch kam. Sie wollten sich Wandbilder holen, und irgendetwas veranlasste Bernd, plötzlich auf Anion einzuschlagen. Dieser sah das schon hell voraus, erhob seine Hand und sprach ein Wort. Da flog plötzlich mein Mann gegen die Wand, landete auf dem Boden und zitterte am ganzen Körper. Schweigend blieb er liegen. Erneut trank er aus Angst vor Anion nicht mehr. Ich war darüber sehr froh, denn dann prügelte er auf mich nicht mehr ein. Anion veranlasste es auch, dass er ein weiteres Mal zum Bewährungshelfer gehen musste.
„Ein einziges Vergehen noch, und sie wandern ins Gefängnis. Ein einziges noch!", sagte dieser.
Darüber war mein Mann erneut so erschrocken, dass er sich am Riemen riss. In dieser Zeit verbrachte ich eine glückliche Ehe, aber nur wieder ein halbes Jahr! Doch mir war immer übel. Ich erbrach viel und fühlte mich elend. Ohne Vorwissen rief mein Bruder mich eines abends an und sagte mir, dass ich schwanger sei. Verdutzt lauschte ich seinen Worten
„Du musst die Pille absetzen. Du bist knappe drei Monate drüber, trotz dessen du deine Tage hattest, sonst bekommt das Kleine noch Schäden. Bis jetzt konnte ich das noch regeln. Jetzt bist du an der Reihe."
Ich lief selbstverständlich am nächsten Tag zum Frauenarzt, und wollte mir das bestätigen lassen. Nach der Untersuchung sagte dieser: „Ich gratuliere ihnen. Sie sind schwanger!"
Ich war vielleicht baff. Ich hatte nämlich noch drei Monate meine

Blutungen bekommen. Aber so kann man sich irren. Wenn man Durchfall hat oder man muss sich des Öfteren übergeben, was bei mir aus Stressgründen vorkam, kann das alles passieren. Als ich nach Hause kam, wollte ich Bernd die freudige Nachricht mitteilen. Aber ich war alleine. Ganz unerwartet kam sein Freund auf Besuch. Er wollte mir etwas Dringendes mitteilen.
„Bernd geht fremd!"
„Das gibt es doch gar nicht."
Doch das Gespräch wurde durch das Schellen des Telefons unterbrochen. Bernd war daran. Unser Hund Amor bellte immer, wenn es schnellte, und das veranlasste meinen Mann zu glauben, dass ich mit seinem Freund ein Schläferstündchen halten würde. Sofort war er zuhause und stellte mich zur Rede.
„Du hast mit Manfred geschlafen, stimmt? Gib's zu, du Miststück!"
„Nein, wir haben uns nur unterhalten. Sonst nichts."
Manfred bestätigte dies. Er saß immer noch auf der Couch. Da er aber nicht locker ließ, ging ich mit meinem Hund Gassi. Als ich wider zurück kam, war Manfred verschwunden. Aber Bernd war umso aggressiver. Er knallte mir eine, trat mich und schrie mich an. Ich lag schon am Boden, um Gnade bettelnd
„Nicht, Bernd, ich bin Schwanger. Denkt an unser Kind!"
Diese Aussage erfreute ihn gar nicht, denn er nahm an, dass das von einem anderen sei. Deswegen griff er in seine Tasche, zog ein Messer hervor. Ich stand gerade auf wackeligen Beinen, drehte mich um, und er stach mir die Klinge in den Po. In meiner Aufregung rannte ich bloß so schnell ich konnte zur nahegelegenen Feuerwehrwache. Ich klopfte stürmisch an die Tür. Sie öffneten.
„Was ist denn los?", fragte der nette Mann.
„Mein Mann hat mich verprügelt. Könnten sie meine Schwiegermutter anrufen."
„Ja, das mache ich."
Er bat mich erstmals herein. Ich setzte mich und 10 Minuten später stand sie vor der Tür. Meine Mutter wollte ich nicht anrufen, denn sonst hätte sie sich zu viel Sorgen gemacht.
„Ich bring dich zu mir. Da werde ich dich verarzten."
Ich konnte nur nicken, ich war im Schockzustand. Als wir bei ihr ankamen, sah sie, dass ich blutete. Sie gab mir ein Taschentuch. Doch das war zu wenig. Ein Handtuch folgte. Aber die Wunde blutete weiter. Es rann mir

nur so meinen Schenkel runter. Es hörte nicht auf zu bluten.
„Ich muss den Notarzt rufen."
„Ja, mach das bitte. Ich glaube, sonst verblute ich."
Es schmerzte sehr und ich hatte mittlerweile sogar ein Taubheitsgefühl ihn den Beinen. Fünf Minuten später kam der Rettungswagen und sie brachten mich in Krankenhaus. Ich wurde sofort versorgt. Die Wunde am Po konnte gut vernäht werden, die Ader wurde geschlossen.
„Wir müssen noch einen Ultraschall vom ihrem Bauch machen," sagte der Arzt.
„Wieso, stimmt was nicht?"
„Wir müssen prüfen, ob mit ihrem Kind alles in Ordnung ist."
„O, mein Gott. Machen sie bitte."
Ich wurde von einer Schwester in den Untersuchungsraum gefahren. Dort wurde mein Bauch untersucht. Die Bilder wurden dem behandelten Arzt übergeben.
„Es tut mir leid", sagte der Doktor in einem traurigen Tonfall, „sie haben ihr Kind durch die große Menge an Blutverlust verloren."
Meine Schwiegermutter, die sich so sehr einen Enkel gewünscht hatte, weinte bitterlich. Ich verstand es aufgrund meines Schocks nicht. Das war mein Glück. Man brachte mich in ein Zimmer und behielt mich zur Beobachtung im KH. Meine Schwiegermutter fuhr nach Hause, kam aber am nächsten Tag mit Bernd gegen 9.00 im KH an und sie veranlassten, dass ich entlassen wurde. Sie bedrängten mich so lange, bis ich aus Angst meine Entlassungspapier unterschrieb. Ich bekam einen Brief für den Hausarzt, der drei Tage später die Fäden zog. Da er sah, wie schlecht es mir ging, stellte er mir einen Krankenschein aus. Da er meine Mutter kannte, rief er sie an, und berichtete ihr von diesem Vorfall.
„Was sagen sie da, Herr Doktor, meine Tochter wäre beinahe verstorben?"
„Ja, ihr Schwiegersohn hatte ihre schwangere Tochter niedergestochen."
„O mein Gott, sie war auch schwanger?"
Das war zu viel für sie. Das erzählte sie sofort Anion und beide gingen umgehend zur Polizei und machten eine Anzeige wegen schwerer Körperverletzung. Alles nahm seinen Lauf, und er kam zwei Jahre ins Gefängnis. Aber Ruhe gab er nicht. Er schrieb mir Briefe, und ich antwortete ihm, da ich eine gute, zu gute Ehefrau war. In erzählte ihm, dass ich vor seiner Verhaftung vom ihm wieder geschwängert wurde und ein Kind erwarte. Daraufhin schrieb er mir einen sehr gemeinen und niederträchtigen Brief, der mich so kränkte, dass ich ihm nicht mehr

antworten wollte. Aber das stellte kein Hindernisse dar. Ein Monat später brach er aus dem Knast aus und wollte zu mir. Er verschaffte sich mit Gewalt Einlass, drückte mich weg, und setzte sich.

Die Anzeige gegen meinen ersten Ehemann

„Bring mir ein Bier", schnauzte er mich an.
Ich hatte totale Panik, ich wusste nicht was ich machen sollte. So rief ich seinen Bewährungshelfer an und schilderte ihm den Fall. Dieser rief ein paar Sekunden später die Polizei, welche meinen Ehemann mitnahmen. Er kam in das Gefängnis in Dortmund. Aber leider war ich so dumm, das muss ich ehrlich gestehen, und besuchte ihn dennoch, obwohl er so brutal zu mir war. Ich war viel zu gutmütig. In dieser ganzen schweren Zeit hatte ich noch dazu große Probleme mit meiner Schwangerschaft. Beinahe hätte ich das Kind verloren. Man machte mir eine Cerclage, einen Ring um die Gebärmutter, damit das Kind an Ort und Stelle blieb. Das alles kostete mir so viel Kraft, dass ich am Ende war. Zum Glück half mir mein Bruder. Er gab mir einen geladenen universalen Kondensator, welcher mich in meiner Situation unterstützte und die Schwangerschaft zu einem positiven Ende brachte. Doch alles hat zwei Seiten. Meine Tochter wollte zur vorgesehen Zeit nicht aus mir raus. Die Wehen setzten nicht ein. Anion kam zu mir ins Hospital und gab mir ein geladenes Amulett mit dem Siegelzeichen eines Vorstehers für Geburt.
„Trage diese Siegel um den Hals. Der Hüter der Geburt wird bei dir die Wehen einleiten und alles wird gut werden. Hab vertrauen."
Und wirklich, eine Stunde später setzen sie ein und ich gebar eine kleine Tochter. Man musste mir zwar den Muttermund öffnen wegen der Cerclage. Aber als meine Tochter kam, hatte ich aufgrund des Amulettes keine Schmerzen. Ich spürte nur einen leichten Druck. Die Hebammen wunderten sich schon, warum ich nicht schrie und krampfte. Dann drückte man mir den kleinen Schreihals in die Arme und meine Mutter, Gudrun (Schwiegermutter) und Anion waren alle sehr glücklich. Ich musste bitterlich weinen, da ich sah, dass mit meiner Kleinen alles in Ordnung war. Die Erleichterung war überwältigend. Anion gab der Kleinen gleich einen Schnuller, denn das fand er sehr lustig. Angelique, so nannte ich sie, nuckelte quietschvergnügt darauf herum.
Nach ein paar Tagen wurden wir entlassen, aber zum Glück bekam ich wegen meiner Blutwerte einen Krankenschein. Anion behandelte mich von zuhause aus weiter. Er verabreichte mir Eigenblutspritzen, welche mein Immunsystem wieder auf Vordermann brachte. Er nahm Blut aus meinem Arm und injizierte es mir in meine Pobacke. Bald bemerkte ich eine deutliche Verbesserung meines Allgemeinzustandes.
Obwohl Bernd im Knast war, war es bei meinen Schwiegereltern nicht besser. Ich wurde von ihnen zum Essen eingeladen. Angelique legten wir

nieder. Sie schlief schön in ihrem Bettchen. Aber mein Schwiegervater war völlig blau, stänkerte nur herum. In mir kam wieder Angst hoch. Ich stand auf und sagte, dass ich mal nach meiner Kleinen schauen wollte. Wie entsetzt musste ich feststellen, dass meine Tochter ganz blau angelaufen war. Sie rang direkt nach Luft. Ich machte augenblicklich Mund zum Mund Beatmung.
„Gudrun, ruf sofort die Rettung!", aber sie war zu blöd dafür. Sie wusste nicht, was sie machen sollte. Doof stand sie neben mir herum.
„Dann ruf Anion an!"
Das verstand sie. Dieser wusste schon Bescheid und rief die Rettung mit einem Notarzt. Sie waren schnell zur Stelle und wir fuhren mit Anion in die Kinderklinik nach Datteln. Sie war zum Glück außer Lebensgefahr, hatte aber immer noch 40 Grad Fieber.
„Wir müssen unbedingt die Temperatur herunterbekommen. Wir legen die Kleine auf die Intensivstation. Dort können wir sie besser beobachten," sagte der nette Arzt.
Es gelang ihnen, aber sie mussten meine 6 Monate alte Tochter an ein Beatmungsgerät anschließen. Das machte mir alles Angst. Immer wieder diese Angst. Als ich dann fragte, wie es meiner Tochter gehe, sagte man mir, dass der Zustand noch nicht stabil ist. Man müsse abwarten. Wörtlich sagten sie, und diese Worte klingen immer noch in meinen Ohren: „Wir wissen nicht, ob wir ihre Tochter durchbekommen. Ihre Situation ist sehr kritisch. Selbst wenn es ihr wieder besser gehen sollte, ist die Wahrscheinlichkeit sehr hoch, dass sie behindert bleibt."
Darüber bekam ich einen Weinkrampf, so sehr schmerzte mich das.
„Bitte helfen sie meiner Tochter. Bitte!"
„Wir tun unser Bestes! Noch eins: Ihre Schwiegermutter behauptete, dass sie Schuld an der Erkrankung ihrer Tochter hätten. Sie wollten angeblich ihr Kind umbringen!"
„Was?"
„Ja, das sagte sie uns. Trennen sie sich am besten von dieser Frau. Diese „Furie" will ihnen nur Schlechtes antun."
„Das ist doch Wahnsinn! Das ist meine Tochter!"
Völlig verzweifelt darüber, konnte ich mich gar nicht mehr beruhigen. Wieso gibt es nur solch schlechte Menschen. Wieso passiert mir das immer wieder. Ich wusste nicht mehr weiter. Aber der Todesstoß kam vom Arzt: „Geben sie doch ihr Kind ab. Sie sind berufstätig und arbeiten schwer in der Wäscherei. Deswegen haben sie keine Zeit für ihre Tochter."

Ich guckte den Arzt verblüfft über die Aussage an.
„Das ist meine Tochter, mein Fleisch und Blut! Für sie habe ich immer Zeit. Auch wenn sie behindert ist. Dann nehme ich mir erst recht die Zeit", schrie ich in förmlich in meinem Schmerz an. Zum Glück war Anion bei mir, welcher mich unterstützte.
„Das kriegen wir alles hin, Mona. Mach dir bloß keine Sorgen," sagte er.
„Aber sie wissen schon, dass ihre Tochter für immer nichts hören, nichts sehen wird. Auch laufen und sitzen kann sie nicht. Denn sie hat eine Gehirnhautentzündung und sie wird ihr Leben lang behindert bleiben. Das ist sicher!", behauptet er stur und mit einem unmenschlichen Blick in den Augen. Und das sollte ein Arzt sein?
„Das werden wir alles noch sehen," entgegnete mein Bruder.
Wie meine Tochter aus der Klinik kam, war sie hinfällig. Ihr Kopf fiel immer nach hinten, sie konnte ihn nicht halten, und die Augen waren trüb wie bei einem Blinden. Ariane und Anion gingen mit der Kleinen ins Zimmer. Man hörte sie irgendwelche Runen raunen. Nach einer halben Stunde kamen sie wieder heraus. Angelique schlief ganz tief, obwohl sie davor ganz fürchterlich geweint hatte. Als sie aufwachte, hatte sie strahlend blaue Augen und lächelte mich an. Anion fuhr mit der Hand vor ihren Augen herum und sie folgte seiner Bewegung.
„Siehste, die Ärzte reden meisten Unsinn. Deine Tochter kann wieder sehen und hören."
Ich war vielleicht froh und glücklich. Vor Freude musste ich weinen und nahm beide in den Arm und drückte sie ganz fest.
„Nur den Rest musst du machen, damit sie wieder laufen kann."
Und das tat ich. Ich ging mit ihr zur Gymnastik, zum Augen- und Ohrenarzt. Es war soweit alles in Ordnung. Damit sie ihre Glieder richtig bewegen konnte, habe ich jeden Tag mit ihr Bewegungsübungen in der Badewanne gemacht und sogenannte Vojta-Übungen. Aber schon wieder trat eine Neuigkeit ein. Nach zwei Monaten bekam meine Tochter vom Kinderarzt Dr. B. ein Medikament, von dem sie sich nicht mehr bewegen konnte. Angelique hing wie tot in meinen Armen. Ich war erneut am Boden zerstört. Was sollte ich machen? Meine Mutter hatte eine gute Idee.
„Lass uns doch zum Heilpraktiker gehen. Die geben wenigstens nicht so schlimme Medikamente."
Gesagt, getan. Wir gingen zu einem in Dortmund-Bövinghausen. Dieser gab meiner Tochter etwas zum Entgiften. Daraufhin gab er ihr Vitasprint, ein Vitamin B-Präparat, welches ihre Nerven im Kopf kräftigte. Es ging ihr

kurze Zeit später wieder besser und ich glaubte, es war alles vorbei. Aber Pustekuchen! Mein Mann wurde ein halbes Jahr später aus dem Gefängnis entlassen. Sofort schnappten ihn sich Ariane und Anion und führten mit ihm ein eindringliches Gespräch. Das führte dazu, dass er ein ganzes Jahr nichts mehr trank. Keinen Alkohol! Da sich alles wieder zum Guten einlenkte, gingen wir drei im Stadtgarten spazieren. Ein fremder Mann sprach uns an. Er sprach über Yoga und Wiedergeburt und meinte, er könnte uns helfen.
„Ich kenne sie, meine liebe Frau," behauptete er.
„Woher denn? Ich habe sie noch nie gesehen!"
„Ich kenne sie aus unserer früheren Verkörperung."
Das war so interessant für mich, dass wir ihn nach Hause zu uns einluden. Wir redeten von geistigen Wissenschaften, von Karma und Schicksal.
„Du, Bernd, wirst es in deinem Leben noch sehr schwer haben, wenn du das Trinken nicht sein lässt. Aber ich kann dir helfen. Ich kann dich heilen. In zehn Sitzungen bekomme ich dich mit Hypnose frei vom Trinken. Nur müsste ich euch dafür 50 DM berechnen."
Das war mir irgendwie unheimlich. Zum Glück hatte ich einen Bruder, der sich schon seit Jahren mit Magie und Mystik beschäftigt hatte. Ich rief ihn an.
„Lass die Finger von diesem Typ. Der betrügt euch und will euch nur das Geld aus der Tasche ziehen. Heutzutage gibt es nur Betrüger und Schwindler im esoterischen Bereich. Das war in den 20ern des vorherigen Jahrhunderts nicht so. Aber Adolf Hitler zerstörte das alles."
Das taten wir. Er kam nochmals vorbei, wir ließen ihn nicht rein. Das Seltsame war aber, dass später Dinge passiert sind, die mich immer mehr mit der geistigen Welt und deren Gesetzen in Kontakt brachten. Denn nach meiner Pubertät verlor ich das Interesse am Okkulten und an den Dingen, die ich im Haus meiner Eltern erlebte. Aber nicht das Okkulte an mir! Als ich mich vor meiner Eingangstüre im Händelweg mit einem Taxifahrer unterhielt, schoss plötzlich eine Frau auf mich zu, und beschimpfte mich.
„Was hast du mit meinem Mann gemacht!", schrie sie mich an. Den Satz wiederholte sie immer wieder. Ich rief meinen Bruder, der wollte gleich Stunk machen. Aber zum Glück kam ihr Ehemann, und beruhigte sie.
„Entschuldigen sie bitte meine Frau," sagte er. „Meine Frau ist sehr eifersüchtig und spinnt deswegen öfters herum."
Er nahm sie bei der Hand, und ging mit ihr nach Hause. Das Eigenartige war, dass dies an einem Freitag dem 13. geschah. Seit dem hasste ich

diesen Tag, den es geschahen immer an diesem Datum seltsame Dinge. Und mich erinnerte das Erlebnis daran, dass es mehr gibt, als nur diese materielle Welt. Es ist ja bekannt, dass dieser Tag vom Großmeister der Templer bei seiner Verbrennung verflucht wurde. Ich erzählte davon Ariane und sie war auch der Meinung, dass dieser Tag von dem Schwarzkünstler verwünscht wurde. Er rächte sich damit an seinen Peinigern.
Die Zeit ran aber weiter. Bernd ging mit meiner Tochter Angelique zu seinem Freund und als er zurückkam, weinte meine Tochter ganz schlimm. Ängstlich fragte ich, was vorgefallen war. Besoffen antwortete Bernd:
„Das ist eine doofe Tochter", und schmiss sie auf Bett und war daran, sie zu schlagen und zu treten. Ich legte mich schützend über sie und bekam die Prügel ab. Ich war grün und blau. Als er fertig war, ging er auf Toilette. Ich nahm in dieser Zeit meine Tochter und lief zur Nachbarin.
„Bitte helfen sie mir. Mein Mann hat mich schwer verprügelt", und sie öffnete die Tür und rief umgehend die Polizei. Die kamen schnell und wollten ihn mit auf die Wache nehmen. Aber er machte Randale, so waren sie gezwungen, ihn im Aufzug zu verprügeln. Ich kann mich gut an seine Schmerzensschreie erinnern. Die taten mir richtig gut, da ich wusste, dass auch er mal Schmerzen verspürte. Ich ging zurück in meine Wohnung, rief meine Schwiegermutter Gudrun an und sagte ihr, dass ich endgültig die Schnauze voll hätte.
„Er hat das Fass zum Überlaufen gebracht. Ich lass mich scheiden!"
„Nein," schrie sie in Panik auf, denn ihr war bewusst, dass sie ihn dann wieder nehmen müsste. „Warte noch, er wird sich ändern!"
„Nein, der nicht! Er hat seine Chancen bekommen und nütze keine davon", und ich legte auf.
Daraufhin rief ich meinen Anwalt an und besprach mit ihm das weitere Vorgehen. Er sagte, ich sollte unbedingt zum Arzt gehen und mir ein ärztliches Attest ausstellen lassen, das für eine Verhandlung wichtig wäre. Das tat ich. Am folgenden Tag suchte ich den Anwalt auf, der notierte alles, was ich ihm erzählte.
„Ein furchtbarer Mann. Aber das schaffen wir schon. Machen sie sich keine Sorgen", beruhigte er mich. „Die Scheidung wird zu ihren Gunsten ausgehen!"
Da war ich sehr erleichtert. Ich informierte noch Gudrun. Die war darüber gar nicht glücklich. Zu Hause angekommen, sperrte ich die Türe ab und ließ den Schlüssel stecken, so dass mein Mann nicht hereinkommen konnte. Dann rief ich Anion an, der sofort zu mir kam. Er wohnte ja nur zehn

Minuten von mir entfernt. Als er ankam, nahm ich ihn vor Freude gleich in den Arm und drückte ihn mit Tränen in den Augen.
„Das hast du richtig gut gemacht. Endlich hast du den richtigen Schritt getan."
Wir unterhielten uns und er hatte plötzlich eine gute Idee.
„Wie wäre es, wenn ich dir die Karten lege. Du weißt ja, dass ich das gute kann."
„Ja, das wäre toll, Anion!"
Ich holte mir eine Packung Spielkarten und er mischte sie und legte sie in einer gewissen Reihenfolge auf den Tisch. Nun deutete er die gelegten Karten:
„Du wirst einen Mann kennenlernen, der dich heiraten wird. Er ist nur körperlich ein wenig behindert, er humpelt und hat Probleme mit seiner rechten Hand. Die Karten sagen das!"
„Hauptsache, er ist gut zu mir", antwortete ich ihm. „Denn schlechte Männer gibt es viele!"
„Auf jeden Fall! Und lass den Bernd nicht mehr herein. Der kann bei Gudrun schlafen."
Und ich lachte wieder, denn ich sah Licht im engen Tunnel meines Lebens leuchten.
Da stand aber noch die Scheidung aus. Sie ging sehr schnell über die Bühne, da er nach Bonn abgehauen ist, und sich um nichts gekümmert hatte.
Als es soweit war, trafen wir uns alle vor Gericht, meine Familie und die Familie von meinem Ehemann.
„Sie kommen jetzt aus Bonn?", fragte ihn der Richter.
„Ja!"
„Sie haben ihre Frau geschlagen?"
„Ja!"
„Und mit einem Messer niedergestochen?"
„Ja!"
„Dann ist der Fall klar. Ich werde die Scheidung am heutigen Tag als rechtskräftig erklären."
Das ging alles verdammt schnell, sogar der Anwalt meines Mannes gratulierte mir zum schnellen Erfolg, weil er deutlich sah, was für ein Unmensch Bernd in Wirklichkeit war. Daraufhin konnte Bernd nichts mehr sagen, denn ihm war das aufgrund seiner Alkoholsucht nicht so richtig bewusst. Er verlor sein sorgenfreies Leben, denn er musst bei mir kein

einziges Mal auch nur einen Finger rühren! Ich dagegen tat alles für ihn! Selbst sein Anwalt war auf meiner Seite, weil er solch einen verantwortungslosen Menschen wie Bernd noch nie gesehen hatte. Anion sagte mir das Ergebnis schon hellsichtig voraus, doch ich hatte dennoch viel zu viel Angst. Als ich den Gerichtssaal verließ, stand mein Ex-Mann draußen und fragte mich, ob ich ihn nochmals heiraten würde. Ich griff mir auf den Kopf und verneinte entschieden. Ich ließ ihn einfach stehen. Für mich hatte er keine einzige Hirnzelle, die noch richtig am arbeiten war. Zu Hause angekommen, klopfen fünf Minuten später Bernd und seine Mutter an die Tür, nein sie hämmerten förmlich dagegen.
„Lass mich rein, ich bin dein Mann."
„Lass ihn rein, er ist dein Mann", sagte Gudrun, denn sie wollte ihren gefährlichen Sohn loswerden.
Ich hatte Panik. Sperrte die Tür ab, und verneinte.
„Wir sind geschieden! Du kommst hier nie mehr rein!"
Eine halbe Stunde später gingen sie erst. Ich war zwar beruhigt, aber innerlich bzw. nervlich total am Ende. Die ganze Panik kam jetzt erst so richtig hoch und sie blieb mir in den Knochen stecken.
„Wenn ich nicht bald Hilfe bekomme, dann lande ich in der Klapse!", sagte ich zu meinem Hausarzt, nachdem ich ihm die ganze Geschichte erzählt hatte.
„Nein, nein, da schreibe ich sie erstmals krank. Da können sie sich entspannen", sagte er mild lächelnd.
Ich war froh, dann brauchte ich nicht zu arbeiten. Ich saß so im Wohnzimmer, guckte fern, als Anion plötzlich anrief.
„Kann ich zu dir kommen?"
„Gerne," und zehn Minuten später stand er vor der Tür. Doch er war nicht alleine.
„Das ist Johannes. Ich hab dir von ihm erzählt."
Ich begriff erst Mal nichts, aber ich bat sie herein.
„Er bleib nun bei dir, und kümmert sich um dich. Er hilft dir und unterstützt dich."
„O, gut, dann bin ich nicht so alleine und brauche keine Angst mehr zu haben."
„Entschuldige uns bitte, Johannes, aber ich muss mit meiner Schwester alleine reden", und wir verließen den Raum. Er ging mit mir in die Küche.
„Setz dich, Mona. Ich werde dich nun behandeln, damit es dir besser geht."
Er nahm meine beiden Hände in seine, schaute mich durchdringend an.

„Du kannst dich an den Bernd nicht mehr erinnern."
Ich fiel nach hinten, und wie ich wach wurde, konnte ich mich wirklich nicht mehr an ihn erinnern. Mir ging es richtig gut.
„Kennst du einen Bernd?"
„Nö, wer ist das?"
„Dein Mann!"
„Ach, Blödsinn!"
„Doch."
„Du machst Scherze, Anion", sagte sie ganz bestimmend.
Johannes musste lachen, denn er bekam das alles direkt mit. Eine Stunde später schnellte es, und Jean kam zu Besuch. Er war ein Freund von Johannes, und blieb einige Zeit bei mir. Wir unterhielten uns schön und ich war froh, dass ich solch nette Menschen kennenlernen konnte. Sie lenkten mich schön ab, und ich war wieder frei. Nur sprachen sie alle über die Hermetik von Franz Bardon, über das Gebiet, das ich in meiner Kindheit selbst miterlebt habe. Das alte Wissen kam wieder hoch, und ich beschäftigte mich seit dem, wenn auch nur anfangs theoretisch mit der Hermetik. Ich erzählte beiden vom ersten Bardon-Kreis, von meinen Erlebnissen und Jean und Johannes waren begeistert, denn solche okkulten Geschichten hatten sie noch nie gehört. Ich erzählte ihnen, wer alles Mitglied war, wer Medium war und was alles passiert ist. Ich hatte aufmerksame Zuhörer und man nahm mich zum ersten Mal richtig ernst!
Nächsten Tag kam Anion mit meiner Mutter vorbei. Wir unterhielten uns schön, als es wieder schnellte. Es war Gudrun.
„Mach dir keine Sorgen, ich wusste das, deshalb kam ich auch vorbei. Johannes geht mit dir und Angelique ins Kinderzimmer und ich kläre das mit deiner Schwiegermutter", und öffnete die Tür.
Er bat sie in die Wohnung, doch noch bevor sie sich setzte, legte er gleich los:
„Nuri hat einen neuen Freund, er ist mit ihr und der Kleinen im Kinderzimmer. Er passt ab heute auf sie auf, dass ihr nichts passiert."
Gudrun war komplett von den Socken. Er überrumpelte sie mit dieser Nachricht. Aber das war beabsichtigt. Sie kramte herum, wollte irgendetwas sagen, aber Anion unterbrach sie.
„So, nun wissen sie Bescheid und jetzt können sie gehen," und schmiss sie kurzerhand raus.
Ich hörte das alles im Zimmer mit an und zitterte vor Panik. Johannes nahm mich in den Arm und beruhigte mich. Mutti brachte dann Anion nach

Hause und ich erzählte alles Johannes, was mein Ex-Mann mit mir gemacht hatte. Er konnte das alles gar nicht mehr glauben.

„Warum bist du denn bei ihm geblieben, wenn er dich geschlagen, verprügelt und sogar mehrmals vergewaltigt hatte?"

„Er drohte mir und meiner Familie sie umzubringen. Davor hatte ich noch mehr Angst. Ich dachte auch, dass er sich ändern würde. Aber das tat er nicht."

„Menschen ändern sich nie, Mona, deshalb gibt es ja das Schicksal, was einen Menschen zum Ändern zwingt!", meinte Johannes.

Es schnellte. Jean stand wieder vor der Tür. Ich bat ihn herein.

„Was ist das für eine mit Elektrizität geladene Atmosphäre?", fragte er.

„O, Anion war gerade hier und machte meine Schwiegermutter fertig. Sie war total verdutzt, konnte es nicht begreifen, wie ich so schnell einen neuen Freund finden konnte. Dann schmiss er sie raus!"

„Ha, das ist typisch Anion. Der ist immer so darauf. Das ist ein Kerl", sagte er noch schmunzelnd. „Und wenn dir dein Ex-Mann blöd kommt, dann haue ich dem Wurm zurück nach Polen", und er lachte darüber.

Jean blieb ziemlich lange und unterhielt sich mit Johannes ausschließlich über Magie. Die beiden waren begeistert von dieser Wissenschaft. Auch ich unterhielt mich mit ihnen, denn ich erzählte, dass Anion mit meinem Vater Experimente mit Telekinese machte.

„Was, davon wusste ich ja gar nichts. Das hat mir Anion gar nicht erzählt," sagte Jean, der meinen Bruder schon seit zwei Jahren kannte. „Wie alt war er denn?"

„19 Jahre!"

„Ach du meine Güte, aber erzähl mal. Ich bin schon gespannt!"

„Mein Vater hatte irgendwo gelesen, dass es möglich ist, mit Hilfe seiner Gedanken Gegenstände bewegen zu lassen. Deswegen sagte er zu seinem Sohn:

„Du, Anion, lass uns das mal probieren. Wenn das stimmt, dann müsste das bei mir auch klappen, oder."

„Nein, Papa, das können nur Menschen, die die Gottverbundenheit besitzen, denn bei ihnen verwirklicht sich der Gedankenwunsch sofort. Sie sind die einzigen, die schöpferisch wirken können."

„Das glaube ich nicht. Bei mir klappt das auch."

„Und für was wäre dann die Gottform nötig, wenn solche magischen Dinge hundsnormale Sterbliche vollbringen könnten?"

„Du liegst falsch Anion", meinte wie immer rechthaberisch mein Vater.

„Dann probiere es mal!"
Mein Vater stellte eine Tasse auf den Tisch und konzentrierte sich darauf, dass sie sich bewegen sollte. Man sah, wie verbissen er sich bemühte. Aber bewegen, nein, das tat die Tasse nicht.
„Das funktioniert nicht. Das ist eine Lüge, dass das gehen soll."
„Klar geht das, wenn man etwas kann."
„Was willst du denn schon können mit deinen 19 Jahren. Du bist doch viel zu unreif," schlug mein Vater gekränkt zurück.
„Ach ja, guck mal, so geht das," und Schwupps flog die Tasse vom Tisch.
„Wie hast du das gemacht? Da hast du geschummelt! Das war eine Trick! Mach das nochmal! Dann glaube ich das erst!", gab mein Vater gekränkt von sich. Er konnte es nicht verstehen, wie das bei ihm, einem erfahrenen Mann, nicht funktionieren könnte. Bei ihm, dem großen Franz, müsste das doch klappen.
„So, Papa, so einfach geht das."
Und abermals flog die Tasse vom Tisch. Mein Vater hob sie auf, stellte sie auf den Tisch, und eine Sekunde später landete sie erneut am Boden.
„Das gibt es nicht. Das verstehe ich nicht!"
„Ich hab dir doch gesagt, dass man dazu eine feste magische Schulung vorweisen muss. Nur dann kann man solche „Wunder" vollbringen!", beendete ich meine Erzählung.
„Das ist ja eine wahnsinns gute Geschichte. Und du hast das alles miterlebt? Hast das alles gesehen?", fragte Jean unglaubwürdig.
„Ja, das habe ich."
„Das ist ja irre", konnte Jean nur vor sich hinstammeln.
„Anion hatte auch bei Rosel den Krebs weggemacht. Sie war geheilt! Sogar Ariane half er im Endstadium eines Darmkrebses, denn sonst wäre sie verstorben."
„Wahnsinn", waren die letzten Worte von Jean.
Nach vier Wochen Krankenstand musste ich dann wieder arbeiten gehen. Johannes brachte dann meine Tochter zum Kindergarten.
Als ich eines Tages von der Arbeit nach Hause kam, saß Anion mit Johannes im Wohnzimmer.
„Ach, was machst du denn hier", sagte ich erfreut zu meinem Bruder.
„Ich wollte mit euch beiden sprechen."
Ich setzte mich zu ihnen.
„Es ist das beste für euch beide, wenn ihr heiraten würdet."

**Hochzeitsbild: Links Anion, rechts Vater von Hohenstätten,
Mitte links Johannes, daneben Mona.**

„Was?", konnte ich nur sagen. „Wir kennen uns ja gar nicht. Das ist doch viel zu früh."
„Ihr beide seit Zwillingsseelen. Ihr gehört zueinander."
Da waren wir beide erstmals baff. Nach einer kurzen Zeit des Überlegens:
„Ja, wenn das so ist..."
„Ihr müsst ja nicht sofort heiraten. Aber in naher Zukunft wäre das angesagt," meinte mein Bruder.
„O, ich muss das meinen Eltern schonend beibringen. Sonst drehen die am Rad."
„Lasst euch nur Zeit. Macht das alles in Ruhe!"
Das taten wir. Wir trafen alle Vorbereitungen, informierten alle Verwandten und Freunde, die kamen gleich vorbei, und gratulierten uns. Ich war sehr glücklich, endlich Freunde fürs Leben gefunden zu haben, so glaubte ich. Das Aufgebot wurde gestellt und am 21. 01. 1994 war die Hochzeit, meine zweite.

Die Monate vergingen, und es war schon so, dass der Bardon-Kreis des Bundes seine 12 wahren Schüler bekam. 12 Schüler, der die Zahl der 12 Adepten der hohen Bruderschaft entsprach. Es war nämlich üblich, dass diese Zahl eingehalten wurde. Die weiteren Schüler, die noch kamen, ersetzten bloß andere, bzw. rundeten die Zahl wieder auf 12 auf. Sie machten das Dutzend komplett. Ich lernte alle Mitglieder kennen. Am Anfang war ich sehr über sie angetan, doch später lernte ich sie erst richtig kennen, wie sie im Inneren veranlagt waren, was sie für Unmenschen waren. Aber darüber wurde schon an anderer Stelle von meinem Mann Hohenstätten berichtet....

Unser Haus in Frohlinde, wo im Keller evoziert wurde

Erster Tempel im Keller

Anion, Ariane und Rolf

Links Bruder Franke beim Essen mit den Missionaren

Weiteres Bild mit Bruder Franke

Bild aus Munster. Anion neben der schwangeren Ariane

Treffen in der Kirche „Jesu Christi"

Taufe von Ariane und Anion; links und rechts zwei Missionare

Vor der Kirche „Jesu Christi"

Meine Familie mit Oma, Opa, Anion usw.

**Hochzeitsfoto von Anion und Ariane;
links der Vater von Ariane; rechts außen die Großmutter,
rechts innen die Mutter von Anion**

Anion als Panzerfahrer beim Bund in Munster

Links mein Vater, ich als kleines Baby, meine Mutter und Anion

Anion bei der Einschulung

Weitere Bücher aus dem Christof Uiberreiter Verlag:

Das goldene Blatt der Weisheit
Seila Orienta/Franz Bardon

Zum ersten Mal in der okkulten Literatur wird die 4. Tarotkarte des Hermes Trismegistos verständlich beschrieben und offengelegt. Sie beinhaltet unbekannte Konzentrations- und Meditationsübungen. Des Weiteren gibt sie Hinweise und erklärt die Unterschiede zwischen Magie und Mystik und Gefahren des einseitigen Weges. Am Ende steht die Verbindung mit der universellen Gottheit, dem Herrn der Sonnensphäre, welcher quabbalistisch „Metatron" genannt wird.

*

5. Tarotkarte – Mysterien des Steins der Weisen
Seila Orienta/Franz Bardon

Dieses Buch stellt die Vorderseite der Alchemie dar, die die einzelnen praktischen Übungsschritte erklärt, ohne die verschlüsselten Mystifikationen der alten Alchemisten auch nur annähernd zu erwähnen, wie man es aus den anderen Büchern des Franz Bardon kennt. Es wird erklärt, dass ohne vollkommene Beherrschung der 4 Elemente keine Alchemie möglich ist. Des Weiteren wird mit den einzelnen Ebenen, mit den Matrizen, dem elektromagnetischen Fluid usw. gearbeitet. Doch den Hauptpunkt stellen die göttlichen Eigenschaften wie z. B. die Allmacht dar, mit denen der Göttliche Stein der Weisen durch gewisse Übungen geladen wird.

*

Talismanologie und Mantramkunde
Seila Orienta/Franz Bardon

Zum ersten Mal werden hier (magisch) geladene Mantrams – Gebetssätze – preisgegeben, welche bei nötiger Reife, Ausgeglichenheit und Reinheit durchdringende Erfolge versprechen. Mantrams sind ja nach Bardon nicht irgendwelche „Suggestionssätze", sondern sie sind Ideenausdrücke, mit denen man mit Mächten, Kräften, Eigenschaften, also Gottheiten, in Verbindung kommen kann. Gleichzeitig werden die dazugehörigen Siegelzeichen der göttlichen Ideen preisgegeben, welche im rituellen

Zusammenhang mit den Mantrams stehen. Ein Buch, das nicht nur die Hermetiker, sondern auch die Anhänger der Yogawissenschaften inspirieren wird!

*

Eine Sammlung der schönsten und lehrreichsten Beschwörungsgeschichten
Hohenstätten

Dieses Buch ist einzigartig, denn es zeigt den zweiten Band von Franz Bardon an Hand von interessanten Evokationsberichten, die genau das bestätigen, was Bardon in seinem Buch geschrieben hat, und noch darüber hinaus. Es werden sensationelle Erlebnisse geschildert, die man sonst niemals findet. Auch aus unveröffentlichten Schriften wird zitiert.

*

Verkörperungen des Meister Arion
Hohenstätten

Man wird beim Lesen dieses Buches nicht glauben, wie viele bekannte und unbekannte Inkarnationen Franz Bardon hatte. Die paar, die im „Frabato" bekannt gegeben wurden, stellen nur einen geringen Teil seiner Verkörperungen dar. Wir mussten, da es dermaßen wenig Literatur über die Verkörperungen gab, wieder Hunderte und Aberhunderte von Büchern, Aufsätzen, Zeitschriften und Artikeln durcharbeiten, bis wir genügend Material für dieses Buch hatten. Aber der Leser wird sich beim Lesen sicherlich über unsere Arbeit freuen, denn sie wird ihn in Erstaunen versetzen!

*

Shamballa, der goldene Tempel des Lichts
Hohenstätten

Dieser Tempel dürfte jeden Leser von Bardons Roman „Frabato" fasziniert haben. Dass es aber in der okkulten Literatur noch viel mehr Informationen darüber gibt, die man aber nur findet, wenn man alles Veröffentlichte gelesen hat, dürfte dem einen oder anderen unbekannt sein. Es wurden wieder ganze Stöße von Büchern durchgesehen und das Ergebnis wird hier veröffentlicht. Es wird aber gleichzeitig darauf hingewiesen, wie viel Schundliteratur es darüber gibt, wie viel Lügen im Umlauf sind, damit sich der Schüler der Hermetik ein klares Bild machen kann. Wir bringen in diesem Buch alles, was wir an Material darüber gefunden haben, und es wird auch noch einiges aus der eigenen Erfahrung, was das Wertvollste ist, mitgeteilt. Nicht nur über den Tempel wird berichtet, sondern auch über die damit verbundene „Bruderschaft des Lichts", deren Sitz er darstellt.

*

Auf der Suche nach Meister Arion
Hohenstätten

Diese Autobiographie eines Schülers der Hermetik des Franz Bardon schildert sein magisches Leben, in welchem zahlreiche Erfahrungen zu den Übungen aus dem Adepten geschildert werden, die die Hauptperson selbst erlebt hat. Es wird der schwere Weg des Adepten aus autobiographischer Sicht gezeigt, seine vielen Tiefschläge, aber auch seine glanzvollen Seiten und Zeiten. Der harte Kampf mit dem Seelenspiegel wird bis in alle Einzelheiten aufgezeigt, genauso wie die vielen anderen Wege, in welche der Autor reinschnupperte, um dadurch reichlich Erfahrung sammeln zu können. Darüber hinaus enthält es unzählige Erfahrungen und Berichte betreffs Mantramistik nach Bardon, die wahre Runenmagie, zahlreiche Evokationen sowie Invokationen mit seinem Lehrer Anion, einen magischen Exorzismus, wie er bisher noch nie öffentlich geschildert wurde. Mentalreisen, Beeinflussungen, Übungen zur Gottverbundenheit, Erscheinungen, Alchemie, Heilungen mit den verschiedensten magischen Methoden z. B. Quabbalah oder durch die Elemente, Schutzgeistevokationen und viele andere magische „Wunder" seines Freundes und Lehrers Anion. Auch einige magische Fotos in Farbe, ein bisher von Bardon unveröffentlichtes Akashafoto von Christus und ein Bild des schwebenden Meister Arion werden in diesem Buch preisgegeben. Der Inhalt ist viel reichlicher, als hier kurz beschrieben werden kann.

*

Magisches Gleichgewicht
Hohenstätten

Dieses Buch zeigt eindeutig, dass in allen anderen Systemen das „Gleichgewicht" genauso gebraucht wird, wie bei Bardons Werken. Er war nicht der Einzige, der das erwähnte, aber er war der erste, der es deutlich erklärte, denn die anderen Systeme sprachen nur durch das Symbol, welches nicht jedem Leser verständlich war. Obendrein bringen wir noch Unveröffentlichtes vom Meister Arion zu dieser Grundlage der magischen

Entwicklung.

*

Das Leben und die Erfahrungen eines wahren Hermetikers
Seila Orienta

Diese Autobiographie eines Magiers ist unübertroffen, denn bis jetzt hat kein einziger okkult Geschulter so offen und ehrlich gesprochen wie Seila Orienta. Er gibt in diesem Werk sein Leben bekannt, sowie seine zahlreichen und äußerst interessanten Erlebnisse und Erfahrungen. Es werden auch zum ersten Mal Fotos von Wesen der Sphären gezeigt, welche Franz Bardon höchstpersönlich in den 1920ern gemacht hat. Des Weiteren schreibt Seila Orienta über die Sphären, über Dämonen, Logenkontakte und vieles, vieles mehr, was einem ehrlich strebenden Hermetiker das Herz übergehen lassen wird.

*

Das Leben des Franz Bardon
Hohenstätten

Dieses Buch beschreibt das Leben des Meisters außerhalb des Frabatos, welches seine Sekretärin – Otti V. – geschrieben hat. Es beinhaltet Erklärungen zu seiner „Biografie", weitere Einzelheiten über den Kampf mit der FOGC, seine Beziehung zu Wilhelm Quintscher und anderen Okkultisten, was alles bisher unbekannt war! Des Weiteren werden viele Erlebnisse seiner Schüler in Prag erzählt, verschiedene magische Leistungen und interessante Geschichten Bardons beschrieben, die bis dato unveröffentlicht sind. Es werden auch seine drei Lehrwerke und deren Wirkung auf die Öffentlichkeit von einem anderen, unbekannten Standpunkt geschildert, welcher durch bisher schwer zugängliche Schriften unterstützt wird. Als Krönung wird seine aus dem Tschechischen übersetzte „Runenschrift" zum ersten Mal veröffentlicht. Auch einige Seiten aus anderen unveröffentlichten Schriften von ihm sowie interessante Fotos des Meister Bardon und seiner Freunde werden hier preisgegeben und vieles, vieles mehr.

*

In Verbindung mit der Gottheit
Hohenstätten

Über das Thema der Gottverbundenheit mit all seinen Formen und

Methoden wurde bis heute noch nie ein Buch verfasst, geschweige denn eine Schrift geschrieben. Man findet in der okkulten wie in der östlichen Literatur nur spärliche Hinweise, die größtenteils verschlüsselt sind oder so geschrieben wurden, dass man sie kaum versteht. Im Gegensatz dazu wird in diesem Buch offen dargelegt, dass das 1. kleine Arkanum der 78 Tarotkarten die Gottverbundenheit in ihrer Reinform darstellt.

*

Hermetische Heilmethoden
Hohenstätten

Dieses Buch stellt in der okkulten Literatur ein absolutes Unikum dar, denn über die Gesamtheit der okkulten Heilmethoden wurde bis jetzt noch NIE etwas Sinnvolles geschrieben. Es werden alle Heilmethoden erwähnt, die der hermetische Schüler mit Hilfe seiner bisher erlangten Konzentrationsfähigkeit ausüben und verwenden kann.

*

Erste hermetische Zeitschrift

„Der hermetische Bund teilt mit" ist eine der wenigen magisch-mystischen Zeitschriften, welche sich soweit als möglich auf die universelle Lehre von Franz Bardon bezieht. Sie versucht sich an die Gesetze des 4-poligen Magneten zu halten und vermittelt Wissen sowie Hinweise für die Praxis, damit der Leser die Möglichkeit hat, sie in seinen hermetischen Weg aufzunehmen und für sich gewinnbringend zu verarbeiten.

Noch viel mehr hermetische Literatur finden Sie auf unserer Website:
http://www.hermetischer-bund.com.

Viel Vergnügen beim Stöbern!

Der Verlag